民主党派閥抗争史

民主党の行方

板垣英憲
Eiken Itagaki

共栄書房

民主党派閥抗争史◆目次

はじめに 「家族写真」と「家系図」のなかの天皇 …… 1

第一章 国生みと国体 …… 5

国生みと国体 …… 15

皇室典範の制定と「国体」 15／「万世一系」の由来 17／● 天皇は「国家ノ元首」 20／天皇は「神聖ニシテ侵スベカラズ」 21／● 国体論者が図式化した「万世一系」 23／● 天皇は「統治権ノ総攬者」 25／憲法学者・美濃部達吉の「天皇機関説」 26／機関説は「学問上確立された通説」 27／● 「国体」を護持する 28／「日本」を選び取った天皇 29／● 尊厳なる国体の回復を図る 33／尊厳なる国体の発揚と、ナショナリズムの昂揚 34

● 国王の称号・名乗り／43
● 国王の名前と地名の関係についての考察／44
● 「国王」と呼ばれる者たち／45
● 「辺境伯」の称号／47
● 「宮宰」の称号／48
● 日本中世における「国王」の称号／49
● 王朝の交替についての二、三の覚書／51
● 第三王朝フィリップ一世の「国王位継承に関する表明書」／52
● 「ピピンの一撃」の有効性／53
● 有者たる「御領主」、王国諸侯・貴顕の者たちによる国王選挙の慣習的効力をめぐって／55
● フィリップ一世の「国王位継承に関する表明書」と各版「年代記」との関係について／57
● 「選挙王制」と「世襲王制」とのあいだ／58
● 「選挙王制」について
／63
● 聖別式をめぐって
／64
● 国王夫人のかたわら、国王子息たちへの「国王位」の継承について／65
● 「しるし」としての国際的な共通貨幣の流通、諸王の任官、さらには「帝室」の没落／69
● 「盟約王朝諸家」の分裂と絶合連関をめぐって／70
● 「封建盟約王朝」「封建盟約王家」が統治する王国／71

第4章　民主党は政権政党となり得るか——選挙で勝てるか……121

第6章　政権政党への条件と課題……191

はじめに――選挙戦は「挙党体制」と「体力勝負」で決まる

小沢一郎代表率いる民主党は、福田康夫首相が平成二〇（二〇〇八）年八月一日夜断行し、二日に発足させた改造内閣により、自前の政権をスタートさせたのを受けて、自民・公明連立政権打倒の新たな戦術の組み立てを迫られている。福田首相は、安倍晋三内閣を「居抜き」で受け継いで約一〇か月、独自カラーを打ち出せず、厳しい政権運営を強いられてきた。なかでも、「年金記録問題」をはじめ、「後期高齢者医療制度問題」などでは、民主党の猛攻撃を浴びてきた。

しかし、「攻撃は最大の防御」ではないけれど、内閣を改造し、叩かれるばかりではなく、ようやく「反撃」に出る態勢を確立することができた。これは、民主党にとっては、「油断できない」状態が眼前に現れたことを意味している。

福田首相が、自民党内においてともかく「挙党体制」を築いてしまい、民主党は、次期総選挙に向けて「楽勝ムード」に甘えてはいられなくなった。自民党内の「八大派閥」（町村、津島、古賀、山崎、伊吹、高村、麻生、二階各派）のうち、津島、山崎両派を除く六派閥の領袖が閣僚（町村信孝官房長官、伊吹文明財務相、高村正彦外相、二階俊博経済産業相）、あるいは、党四役のポスト（麻生太郎幹事長、古賀誠選挙対策委員長）を得たほか、津島派は、笹川堯が総務会長、山崎派は、保岡興治が法相ポストと、いずれも派閥幹部が厚遇されている。現在の自民党では最高の「実力者内閣」をつくり、民主党に対峙している。

福田首相は、大蔵官僚出身の伊吹文明を財務相、中山恭子を国務相（少子化対策・拉致問題・公文書管理・男女共同参画担当相）に、財務相を経験した谷垣禎一を国土交通相に据え、「財務省主導」色を濃厚にし、「財政再建・消費税増税路線」により、各省庁に睨みを効かせ、「税金のムダ遣い」を許さない姿勢を示している。とくに特定道路財源を自民党道路族と国土交通省からもぎ取り、「一般財源化」する役目役割を谷垣に担わせている。

福田首相、与謝野馨経済財政（規制改革）担当相、谷垣国土交通相の三人は、麻布高校の先輩後輩の同窓関係にあり、福田首相にとっては、使い易い存在である。

見逃してはならないのは、中山国務相、野田国務相（科学技術対策・食品安全・消費者行政推進・宇宙開発担当）、谷垣国土交通相の三人は、福田首相の「公約」実現という使命を与えられている点である。福田首相は「私の手で拉致問題を解決する」「消費者庁をつくる」「道路財源を平成二一年度予算において一般化する」と国民に向ってはっきり公約してきた。そのための強い決意を示している。また、郵政相を務めた経験のある野田聖子には、民主党寄りになっている政治団体「全国郵便局長会」（約二万人）と郵便局員を再び自民党に呼び戻そうという「選挙戦術」が込められている。郵政民営化に反対する「造反組」として小泉純一郎元首相から自民党を除名された野田が「反省」のうえ、復党を許されたとはいえ、国務相として閣内に取り込んだのは、明らかに「郵政民営化見直し」に踏み切るとのシグナルである。

これは、見方を変えれば、福田首相が、「この三つの公約を実現するメドをつけてから、衆議院の解散・総選挙に踏み切る」というメッセージでもある。衆議院議員の任期は、平成二一（二〇〇九）年九月一〇日までなので、「通常国会において春までに予算案の成立を図り、予算関連法案が会期末までにきちんと成立したのを見届けて解散する」という意味にも解釈できる。しかし、福田内閣の支持率が低迷し、「福田首相の下では総選挙を戦えない」という声が自民党内で支配的になれば、潔く退陣して、「麻生太郎幹事長」に「総理総裁の座」を禅譲して、「新首相」の手で解散・総選挙に打って出ることもあり得るという含みも持たせている。

「選挙は体力勝負」という言葉がある。準備段階から、「肉体的な体力」に加えて「巨額の資金力」という体力も必要である。公示される前までの政治活動において、選挙区を回れば回るほどスタッフの人件費はもとより、政治ビラの印刷・配布費用がかかり、ガソリン代などの諸経費の負担が重くのしかかってくる。「選挙は、時間との勝負」とも言われ、公示までの時間が長くかかればかかるほど、資金力の弱い立候補予定者は疲弊困憊していき、立候補予定者の間では、「一刻も早く解散・総選挙を断行して欲しい」という心理が働く。

自民党は、小泉改革の副作用、あるいは後遺症により、支持者団体や後援会離れが著しく、これが民主党に有利に働くという観測が飛び交っている。それだけに、自民党は苦しい戦いを覚悟しており、死に物狂いである。こうした「敵」を相手にしなければならない民主党は、自民党以上に死に物狂いならなければ、勝利は得られない。ましてや、党内で主導権争いにうつつを抜かしている暇はないのである。自民党が「挙党体制」の確立に一足先んじたのに対して、民主党は、「挙党体制づくり」に遅れを取ってきた。そうした状況を踏まえて、民主党が果たして「政権交代」を実現できるかどうか、「政権政党」たり得るか否かを分析、検討してみなくてはならない。

なお本書は、執筆に当り、データ収集を全国マスコミ研究会代表の海野美佳さんから協力を得た。お礼申し上げる。

また本書の制作・発刊に際し、陰になり日なたになりお世話いただいた共栄書房代表の平田勝氏と編集担当の近藤志乃さんに心より深く感謝の意を表したい。

平成二〇年八月七日

板垣英憲

序章　民主党とは何か

民主党は結党時、新党さきがけの菅直人や鳩山由紀夫ら弱小政党の現職の衆議院議員が、生き残りをかけて逃げ込むために急いでつくった「シェルター政党」として生まれた。平成八（一九九六）年九月二七日、当時の橋本龍太郎首相が臨時国会を召集し、その冒頭、衆議院を解散し、一〇月二一日に小選挙区比例代表並立制度による初の総選挙が行われることになったためである。

小選挙区制度の下では、全国三〇〇の選挙区で、それぞれ一人しか当選できない。複数の立候補者がいても、結局は、巨大政党をバックにした候補者が勝ちやすい制度である。比較的強い候補者が二人いれば、「一騎打ち」の戦いになり、ボクシングにたとえれば、リングのなかで相手をノックダウンさせた候補者が、当選を果たせる。一つの選挙区で、複数の候補者が当選できた中選挙区制度とは違い、熾烈な戦いとなり、弱小政党の候補者が当選するのは至難の業である。

このため、弱小政党の衆議院議員が、巨大政党・自民党の候補者に立ち向かい勝利しようとすると、どうしても弱小政党が集まり、「集団密集隊形」を組まざるを得なかったのである。そうしてできたのが、総選挙を目前にした九月二八日に結党された「民主党」だった。

「天下国家、万民のため」という「公のため」ではなく、現職の衆議院議員の「生き残りを賭けて」という、あくまでも「私的な欲望」から新党を結党したという動機の故に、民主党は、結党当時からある種の「あいまいさ」「うさん臭さ」に取り付かれていた。

その第一は、民主党という「党名」である。フランス革命のとき掲げられた「自由・平等・博愛（友愛）」の理念に従えば、日本には、自由民主党があり、平等民主党と同義語の社会民主党がすでに存在していた。残るは、「博愛（友愛）」である。これは、鳩山由紀夫が、祖父・鳩山一郎元首相以来引き継いできた思想である。

だが、この理想をあえて隠し、ただの「民主党」にして、政党としてのアイデンティティ（自己同一性）を曖昧模糊にしてしまった。これは、ウイングを広くして左右の陣営のどこからでも参加者を集めたいという欲望の表れでもあった。

第二に、「博愛（友愛）」を外したことが起因して、民主党が、この日本をどのような国にしようとしているのか、何を目指す政党であるのかが不明なままであり、そのうえ「数だけを増やしたい」という欲望のみがギラつく、「烏合の衆」に堕してしまう可能性を当初からもっていた。

その結果、高級官僚出身者などのなかには、実際には自民党を支持していながら、小選挙区制度の下では自民党から立候補の枠がないために、選挙に当選するためにやむを得ず民主党から出馬するというケースが少なくない。すなわち、理念や政策に関係なくそうした政治家が民主党に流れ込んできており、多様な人材を吸収している半面、民主党の理念や政策をますます曖昧《あいまい》にしていく恐れを内包している。

こうした状況のなかで、様々なグループの寄り集まりの集団、雑居集団が次第に派閥的な存在になり、現在確認されているだけでも八大派閥となっている。これらの派閥が、別々に「夏の派閥研修会」などの会合を開いて結束を強めており、その力を代表など役職の争奪戦で、激突させてきた。こうした特質は、かつての自民党のように活力の源泉となり、また多様な国民の声や要望を吸収し、政権交代においても、その後の政権運営にも、プラスに働く可能性を秘めている。

だが、その一方で、派閥抗争が激化して、国民のイメージや民主党の結束にマイナスに働き、また自民党から手をつっこまれ、政界再編へと向かう火種ともなっている。これは、

「民主党は、いつ分裂してもおかしくないひ弱な政党だ」

という国民の間から聞こえてくる揶揄《やゆ》の声が、このことをよく示している。

第三に、民主党をはじめ野党が、平成一九（二〇〇七）年七月の参議院議員選挙で自民・公明連立与党を過半数割れに追い込み、国民の多くから「政権交代が現実化してきた」と期待されていながら、各派閥はいまだ「呉越同舟」、あるいは「同床異夢」の有様である。「何が何でも政権交代を果たす」という意欲が強まらず、大目標に向かって一致団結し、一糸乱れず行動するエネルギーが、いまひとつ盛り上がってきていないのである。これは、「参議院議員選挙で勝利した」という奢りの成せる業でもある。こうした民主党内の状況に対して、鳩山由紀夫幹事長は、

「政権交代という頂上の八合目まできたと言われているが、そんなに甘いものではない。まだ六合目くらいだ」

と懸命に党内の引き締めを図っている。

それにも関わらず、鳩山由紀夫には、頭痛のタネが二つある。一つは、「小沢一郎」である。参議院議員選挙で勝利をもたらしながら、平成一九（二〇〇七）年一〇月末から一一月初めにかけて福田康夫首相と行った「党首会談」のなかで、自民党と民主党との「大連立構想」に乗り気だったことから、民主党内に動揺を招いた。

小沢一郎の目から見て、いまの自民党内には、かつての「政敵」が皆いなくなったと映って

いるようである。小沢一郎をはじめ四四人が自民党を離党せざるを得なかったのは、旧竹下派会長の後継者をめぐり、竹下登元首相が、橋本龍太郎を指名したからであった。橋本に味方したのは、小渕恵三、梶山静六らだった。

だが、竹下元首相をはじめ、これらの「政敵」は皆、他界している。小沢一郎にとって、いまの自民党との大連立はもとより、復党さえ願ったり叶ったりの状況にある。菅直人、鳩山由紀夫ら民主党幹部ばかりか、多くの民主党所属の国会議員らが大慌てしたのは、言うまでもない。役員会全員から、大連立を反対された小沢一郎は、一旦、「代表を辞任する」と宣言したものの、菅直人、鳩山由紀夫らの説得を受け入れて、「代表の任に止まる」と前言を翻して続投することになった。この出来事は、民主党が「小沢独裁の政党ではない」ということを党内外に示すとともに、トップリーダーが強力な指導力を発揮しなければ、一丸となって行動することはできない政党であるという厳然たる事実を痛感させた。同時に、民主党が様々な意見を民主的にまとめて行動していく近代的な政党に脱皮していけるかどうかも、厳しく問われたのである。

しかし、小沢一郎が、民主党存亡のカギを握る不気味な存在であるという状況は、依然として続いている。自民・公明連立与党に不足している参議院議員一七人を引き連れて自民党に復党すれば、いわゆる「衆参ねじれ国会」という状況は、一瞬にして解消され、その結果、民主党は、「万年野党」に甘んじざるを得なくなる。小沢一郎がどちらにころぶかによって、政権の行方が左右されているのである。

鳩山由紀夫のもう一つの悩みのタネは、前原誠司、野田佳彦、枝野幸男ら若手の国会議員の大半が、「小沢一郎嫌い」であるという点である。そればかりでなく、これら若手は、「世代交代」を熱望しており、前原誠司の代表再登板や野田佳彦の代表就任を強く望み、主導権を握ろうとしている。

世代交代が進めば、民主党の創業者であり、事実上のオーナーでもある菅直人や鳩山由紀夫が代表に返り咲くことも、ましてや政権交代の暁に「総理大臣」に就任することも夢幻に終わってしまう。鳩山由紀夫は平成八（一九九六）年九月二八日の結党当時、

「民主党は二〇一〇年までの時限政党である」

と宣言していた。平成二二（二〇一〇）年までに政権を取れなければ解党するという意味である。その時限は、刻々と迫っている。

しかし、時間はまだある。民主党にとって幸いなことには、党内に様々な不安要素を抱えていてもなお、「政権を取るのではないか」と国民の多くから期待をもって見られている。そのうえ、国民のなかには、「強固な保守層」のなかにすら、「小沢一郎に政権を取らせ、総理大臣になった姿を見てみたい」と待望論があるのである。それは、自民・公明連立与党が、失政を繰り返しているからである。民主党にとっては、「敵失」に支えられているとも言える。

安倍晋三前首相時代には、政治資金の不適切な処理をめぐり、大臣の首が次々にすげ替えら

れた。挙句の果てに、松岡利勝農林水産相が、事務所費問題や光熱水費問題、献金問題など数々の疑惑が浮上したことから、大きな批判を受け、新築したばかりの国会議員宿舎で首吊り自殺してしまった。さらに年金記録問題（消えた年金五〇〇〇万件の記録）が発生し、安倍政権は窮地に陥った。

その後を継いだ福田康夫首相は、「ガソリン税の再値上げ」や「後期高齢者医療制度」が、国民の多くから不評を買い、内閣支持率が急落し、政権運営に黄色信号が点滅し続けているのである。さらに、自民党内から「消費税引き上げ」の声が高まっているが、「総選挙に踏み切れば、大敗する」という世論調査結果を突きつけられている。これらの要素がいずれも、民主党にはプラスに作用する。

しかし、国民の気分はうつろいやすい。民主党が選挙で勝つには、うつろいやすいこの国民の気分をいかにして、「敵」である自民党ではなく、「民主党」に引きつけることができるかの「ただ一点」にかかっている。選挙に勝つための「選挙戦術十カ条」のような「必勝マニュアル」は、どの政党も持っている。けれども、「マニュアル」はあくまで「マニュアル」であって、これをどう実戦に活かすかは、トップリーダーや参謀の頭脳次第である。

小泉純一郎首相が平成一七（二〇〇五）年九月一一日に行った総選挙は、自民党が圧勝した。勝因は、織田信長が好んだ「捨万求一」（すべてのものを捨て、一つを目指すの）という言葉を信長好きの小泉首相が、加藤廣の歴史小説『信長の棺』（日本経済新聞社刊）という小説のなかから見つけて、選挙に応用した。「求一」、選挙の争点を「郵政民営化」に一つに絞って、民意を問うたのである。選挙のテレビ・コマーシャルも、単純明快に国民に向かうまっすぐのカメラ目線で、「郵政民営化」を訴えた。

一方大敗した民主党の敗因の一つは、当時の岡田克也代表が、「まさか総選挙はあるまい」とタカをくくっていたことと、もう一つは、テレビ・コマーシャルが下手だったことにあった。アメリカの広告代理店を使ったといわれているが、岡田代表の目線は、カメラに向けられることはなく、つまり目線が国民に向かうことなく常に横を向き、しかも目線を外したまま最後は画面横に立ち去っていくのである。これでは国民の強い共感は得られるわけはなく、イメージを悪くし、コマーシャル戦略からして自民党に完敗してしまったのである。

ところが、平成一九（二〇〇七）年七月三〇日の参議院議員選挙では、小沢一郎代表が総指揮をとり、圧勝した。勝因は、日本海側の農漁村、山間地にある二九の一人区を懸命に回って歩いたことにあった。しかも、ビール瓶を入れる木箱やプラスティックの箱のうえに乗って演説し、聴衆の一人一人と握手した。その結果、一人区二九のうち、二六で勝ち、自民党を歴史的惨敗に追い込んだ。自民党の敗因は、農魚村、山間部の重要性を認識していたにもかかわらず、手を抜いていたことにあった。このため、むかしから自民党の保守地盤の一角が崩れ、民主党に取られてしまったのであった。

要するに選挙に勝利するには、作戦をどう立案し、イメージをいかにアップさせるかにある。

具体的方法は選挙ごとに異なるので、その都度、臨機応変に立案し、併せて、敵の裏をかかなくてはならない。まさに、知恵比べなのである。

もちろん、政党という軍団が烏合の衆であっては、戦いには勝てない。政治集団である以上、一つの「旗印」の下に同志が集まり、一団となって選挙戦場で奮戦しなくてはならない。そのためには、「旗印」が敵味方のだれの目から見ても鮮明である必要がある。鮮明でなければ、メンバーが好き勝手に旗を掲げるようになる危険があるからである。この意味で、民主党は、一体何を目指す「民主党」なのかをはっきりとさせるべきである。自由民主党と社会民主党が存在し、それぞれ「自由民主主義」「社会民主主義」などを標榜している以上、民主党としては「博愛（友愛）」を強烈に示し、国民に印象づけなくてはならないと思う。

この旗印が大きく掲げられれば、この理念を基本とする政策は、自ずと決まってくる。外交防衛政策では、どの国とも仲良く付き合う「全方位外交」になるはずであり、経済政策ならば、ともすれば「弱肉強食」に走りがちな「自由民主主義」と、「悪平等」を招きやすい「社会民主主義」のいずれの行き過ぎに対しても、「中庸」という観点に立って両方のバランスを取る「博愛（友愛）民主主義」に立脚することが、当然の帰結となる。社会保障政策では、やはり「高額所得層」の役割を認めつつ、基本的には、「所得保障」と「医療保障」に支えられている「中流社会」の再生を目指す政策が、最優先に選択されなくてはならない。これらを細かく具体化したものが、いわゆる「期限付きマニフェスト」と言われるものである。

それでも、選挙戦による結果を左右するのは、崇高な理想でも、高邁な理念でもない。ましてや立派な政策、具体的な「期限付きマニフェスト」でもないのである。国民を引きつけるイメージであり、期待感であり、熱狂である。しかし、それも何かのショックで一夜にして変わり得る。国民の信頼を失うのは、一瞬の出来事であり、実にはかないものである。スキャンダルや風評、ネガティブ・キャンペーンには極めて弱い。つまり、選挙戦を決するのは、ひとえに選挙戦略と選挙戦術なのである。

民主党が、自民・公明連立与党からの政権交代を果たせるか否かは、十分に練られ、敵を欺くのに申し分のない選挙戦略と選挙戦術を立案し、よく訓練された候補者により、それらがいかに実行されるかにある。

第1章　民主党は、八大派閥の雑居集団

●「グループ」から「穏やかな派閥」へ

民主党は、野党暮らしが一二年続いていることから、政権担当に伴う「ポスト」や「利権」配分という人的結びつきの経験を未だ持っていない。そのため政権政党である自民党のように、結束力は必ずしも強くはない。この状況を小沢一郎代表の側近「参謀役」を務めてきた平野貞夫元参議院議員は、「馬糞の川流れ」と揶揄《やゆ》した。川に放り投げれば、水に溶けてバラバラになるという意味である。いつもは喧嘩しながらも、自民党が最後は一つにまとまれるのは、「利権」という強力な粘りのある接着剤で結びついているからである。

しかし、民主党も政権に就けば、自民党のように「接着剤」を手に入れることができる。民主党の各派閥は、過去の絆やしがらみを完全に断ち切っているわけではないので、何かにつけて、あるいは時として、グループでまとまって動くことがあり、政策・信条や出身政党の違いが無視できない状態が続いてきている。

二度にわたって他の政党と合併してきたことや、第2章以降に述べる民主党のたどった政治的経緯から、それらがようやく、単なる「グループ（党内集団）」から、次第に「緩やかな派閥」と言ってよいほどの結びつきになってきている。各派閥はこれまで、激しい「ポスト争い」を事実繰り広げてきた。そのいわば帰結が、今日の派閥としてそれぞれの塊を形成している。

●「八つの緩やかな派閥」

民主党には現在、以下のように「八つの緩やかな派閥」ができ上がってきている（衆は衆議院議員、参は参議院議員）。

〔1〕一新会（旧自由党系＝小沢派）＝衆一九人、参二三人、計四二人
〔2〕政権戦略研究会（ベテラン保守系・羽田派）＝衆二〇人、参一一人、計三一人
〔3〕民社協会（旧民社党系＝川端派）＝衆五人、参二三人、計二八人
〔4〕国のかたち研究会（菅派）＝衆一三人、参一三人、計二六人

〔５〕政権交代を実現する会（鳩山派）＝衆一四人、参一〇人、計二四人
〔６〕新政局懇談会（旧社会党系＝横路派）＝衆八人、参一五人、計二三人
〔７〕凌雲会（旧新党さきがけ若手保守系＝前原・枝野派）＝衆一六人、参二人、計一八人
〔８〕花斉会（旧志士の会、若手保守系＝野田派）＝衆五人、参二人、計七人
〔９〕無派閥＝衆一二人、参一四人、計二六人

なお、民主党の派閥は、自民党の派閥のような強固なものではなく、一人で複数のグループに所属する議員もおり、流動的なものであることをお断りしておく。

●小沢派は、一一のグループから成り立つ

各派閥の構成メンバーは、次の通りである。（◆＝衆議院議員、比＝比例代表、地域名＝ブロック、都道府県名と数字＝小選挙区、○内の数字＝当選回数、参＝参議院議員○内の数字＝当選回数、：＝比例区当選者の主戦場である小選挙区、◇＝参議院議員）

【一新会（旧自由党系＝小沢派）】四二名

◆衆議院議員＝小沢一郎⑬（岩手４区）▽中井洽⑩（比・東海：三重１区）▽藤井裕久⑥参④参②：栃木４区）▽黄川田徹（岩手３区③）▽前田雄吉（比・東海③：愛知６区）▽吉良州②（比・南関東：神奈川14区）▽山田正彦（比・九州④：長崎３区）▽山岡賢次（比・北関東

司（大分1区②）▽菊田真紀子（新潟4区②）▽小宮山泰子（比・北関東②：埼玉7区）▽階猛（岩手1区①）▽鈴木克昌（愛知14区②）▽高山智司（比・北関東②：埼玉15区）▽仲野博子（北海道7区②）▽松木謙公（比・北海道②：北海道12区）▽石関貴史（比・北関東①：群馬2区）▽横山北斗（比・東北①：青森1区）▽石川知裕（比・北海道①：北海道11区）▽太田和美（千葉7区①）＝一九人。

◇参議院議員＝大江康弘（比例代表区②）▽工藤堅太郎（比例代表区①衆②）▽渡辺秀央（比例代表区②）▽西岡武夫（比例代表区②衆⑪）▽平野達男（岩手選挙区②）▽森裕子（新潟選挙区②）▽青木愛（比例代表区①衆①）▽一川保夫（石川選挙区①衆③）▽大石正光（比例代表区①衆⑤）▽川上義博（鳥取選挙区①衆①）▽行田邦子（埼玉選挙区①）▽佐藤公治（広島選挙区①衆②）▽大久保潔重（長崎選挙区①）▽主濱了（岩手選挙区①）▽米長晴信（山梨選挙区①）▽武内則男（高知選挙区①）▽中村哲治（奈良選挙区①衆②）▽平山幸司（青森選挙区①）▽藤原良信（比例代表区①）▽舟山康江（山形選挙区①）▽松野信夫（熊本選挙区①衆①）▽牧山ひろえ（神奈川選挙区①）▽室井邦彦（比例代表区①衆①）＝二三人。

小沢派は、次の一一グループから成り立っている（以下は、代表的な国会議員）。

①自民党離党・新生党結党参加組＝藤井裕久

②新生党途中入党組＝山田正彦、工藤堅太郎

③新進党結党参加組＝西岡武夫、中井洽

④新進党途中入党組＝一川保夫、山口壮

⑤自由党結党・途中入党組＝黄川田徹、大江康弘、室井邦彦、小宮山泰子、菊田真紀子、森裕子、高山智司、平野達男、松木謙公、青木愛

⑥小沢一郎の同志の世襲組＝佐藤公治

⑦小沢一郎秘書・書生組＝藤原良信、石川智裕、横山北斗

⑧小沢一郎政治塾組＝平山幸司、大久保潔重

⑨民主党結党参加組＝松野信夫

⑩小沢一郎秘蔵っ子組＝太田和美

⑪ヘッドハント組＝川上義博

新政党であった新生党以来の「志」を頑固に堅持しているベテラン政治家はいまや、少なくなった。それでも頑なに「政治目標」を執拗に追求し続ける、まさに「政治家の鑑」のような政治家は健在である。小沢一郎をはじめ「ブレない政治家」は、ドイツの社会科学者、マックス・ウェーバーが著書『職業としての政治』で示した政治家像の典型ともいえよう。マックス・ウェーバーは、「政治家の資質」の第一に、「堅い岩盤をも砕くしつこさ」を挙げている。

いわゆる「小沢親衛隊」は、⑦の小沢一郎秘書・書生組と⑧の小沢一郎政治塾組、⑩小沢一郎秘蔵っ子組が中核を担っている。この三つのグループの小沢に対する忠誠心と結束力は、極めて強い。

●羽田派は、閣僚経験者が多い

【政権戦略研究会（ベテラン保守系＝羽田派）】三一名

◆衆議院議員＝羽田孜（長野3区⑬）▽渡部恒三（福島4区⑬）▽岡田克也（三重3区⑥）▽中川正春（三重2区④）▽渡辺周（静岡6区④）▽笹木竜三（比・北陸信越③：福井1区）▽松本剛明（比・近畿③：兵庫11区）▽山井和則（京都6区③）▽後藤斎（比・南関東②：山梨3区）▽近藤洋介（比・東北②：山形2区）▽下条みつ（長野2区②）▽神風英男（比・北関東②：埼玉4区）▽園田康博（比・東海②：岐阜3区）▽田名部匡代（比・東北②：青森3区）▽長島昭久（比・東京②：東京21区）▽福田昭夫（比・北関東①：栃木2区）▽松本大輔（比・中国②：広島2区）▽三谷光男（比・中国①：広島5区）▽山口壮（比・近畿②：兵庫12区）▽楠田大蔵（比・九州②：福岡5区）＝二〇人。

◇参議院議員＝北澤俊美（長野選挙区③）▽羽田雄一郎（長野選挙区③）▽高橋千秋（三重選挙区③）▽田名部匡省（青森選挙区②）▽石井一（比例代表①衆⑪）▽風間直樹（比例代表①）▽金子恵美（福島選挙区①）▽増子輝彦（福島選挙区①）▽前田武志（比例代表区①）▽下田敦子（比例代表区①）▽前川清成（奈良選挙区①）＝一一人。

自民党離党組には、閣僚経験のある長老が多い。また、羽田孜のおおらかな人間性に惹かれて参加している国会議員が、少なくない。

●川端派は、自民党より「右寄り」の姿勢をとる傾向がかなり強い

【民社協会（旧民社党系＝川端派）】二八名

◆衆議院議員＝川端達夫（比・近畿⑦：滋賀1区）▽小平忠正（北海道10区⑥）▽高木義明（長崎1区⑥）▽古本伸一郎（愛知11区②）▽三日月大造（滋賀3区②）＝五人。

◇参議院議員＝直嶋正行（比例代表区③）▽浅尾慶一郎（神奈川選挙区②）▽平田健二（岐阜選挙区③）▽池口修次（比例代表区②）▽榛葉賀津也（静岡選挙区②）▽木俣佳丈（愛知選挙区②）▽津田弥太郎（比例代表区①）▽辻泰弘（兵庫選挙区②）▽藤原正司（比例代表区②）▽柳澤光美（比例代表区①）▽柳田稔（広島選挙区②）▽山根隆治（埼玉選挙区②）▽加藤敏幸（比例代表区①）▽小林正夫（比例代表区①）▽大石尚子（比例代表区①）▽加賀谷健（千葉選挙区①）▽川合孝典（比例代表区①）▽藤原良信（比例代表区①）▽徳永久志（滋賀選挙区①）▽轟木利治（比例代表区①）▽林久美子（滋賀選挙区①）▽水戸将史（神奈川選挙区①）▽吉川沙織（比例代表区①）＝二三人。

電機労連や自動車労連、ゼンセン同盟など旧同盟系の労働組合を基盤にしたいわゆる「労組上がり」の国会議員が目立つ。「防衛産業」に関連する労働組合も支持母体の一つになっており、防衛政策では、自民党より「右寄り」の姿勢をとる傾向がかなり強いのが特徴である。

●菅派は、労組のほか多くの市民グループの支持を得ている

【国のかたち研究会（菅派）】二六名

◆衆議院議員＝菅直人（東京18区⑨）▽松本龍（福岡1区⑥）▽金田誠一（北海道8区⑤）▽岩國哲人（比・南関東④：神奈川8区）▽末松義規（比・東京④：東京19区）▽筒井信隆（新潟6区④）▽加藤公一（比・東京③：東京20区）▽長妻昭（比・東京③：東京7区）▽田嶋要（比・南関東②：千葉1区）▽津村啓介（岡山2区②）▽寺田学（秋田1区②）▽西村智奈美（新潟1区②）▽柚木道義（岡山4区①）＝一三人。

◇参議院議員＝江田五月（岡山選挙区③衆④）▽岡崎トミ子（宮城選挙区③）▽円より子（比例代表区③）▽小川敏夫（東京選挙区②）▽櫻井充（宮城選挙区②）▽ツルネン・マルティ（比例代表区②）▽内藤正光（比例代表区②）▽今野東（比例代表区①衆②）▽家西悟（比例代表区①）▽白眞勲（比例代表区①）▽藤末健三（比例代表区①）▽姫井由美子（岡山選挙区①）▽喜納昌吉（比例代表区①）＝一三人。

岡山県を共通の郷里とする菅直人と江田五月の二人が中心となり、同志を糾合したような派閥である。菅は婦人運動家・市川房枝の選挙事務所代表時代に選挙参謀として市川の当選に尽力したことがキッカケで政界入りした。

その後、昭和五一（一九七六）年の第三四回衆院選に東京7区（当時）から無所属で立候補し落選したものの、その活動ぶりが江田五月の父・江田三郎の目に止まり、誘われる形で社会

市民連合に参加した。昭和五二（一九七七）年の第一一回参院選では社会市民連合から出馬し落選。昭和五四（一九七九）年の第三五回衆院選では社会市民連合から名称を変更した社会民主連合から出馬し、台風による低投票率の影響でまたも落選し、昭和五五（一九八〇）年の第三六回衆院選で初当選を果たした。

社会民主連合では主な役職として、昭和五三（一九七八）年副代表、昭和六〇（一九八五）年に副書記長兼政策委員長を務めた。こうした苦闘を経ている間に、江田五月との人間的結びつきを強めてきた。それだけに結束は固い。「国のかたち研究会」（世話人代表・江田五月）も労働組合に依存しているほか、多くの市民グループの支持を得ている。

●鳩山派は、鳩山一郎元首相の故事に倣い「政権交代」を図ろうとする

【政権交代を実現する会（鳩山派）】二四名

◆衆議院議員＝鳩山由紀夫（北海道９区⑦）▽大畠章宏（茨城５区⑥）▽古賀一成（比・九州⑥：福岡６区）▽小沢鋭仁（山梨１区⑤）▽藤村修（比・近畿⑤：大阪７区）▽平野博文（大阪11区④）▽川内博史（比・九州④：鹿児島１区）▽大島敦（埼玉６区③）▽伴野豊（比・東海③：愛知８区）▽牧義夫（愛知４区）③）▽松野頼久（熊本１区③）▽松原仁（比・東京③：東京３区）▽三井辨雄（北海道２区③）▽森本哲生（比・東海①：三重４区）＝一四人。

◇参議院議員＝広中和歌子（千葉選挙区④）▽岩本司（福岡選挙区②）▽鈴木寛（東京選挙

区②）▽尾立源幸（大阪選挙区①）▽芝博一（三重選挙区①）▽島田智哉子（埼玉選挙区①）▽藤本祐司（静岡選挙区①）▽簗瀬進（栃木選挙区②）▽藤田幸久（茨城選挙区①）▽蓮舫（東京選挙区①）＝一〇人。

鳩山由紀夫の資産は、個人資産が二四億七六〇〇万円で衆議院議員中の上位にいる。さすがに名門・共立女子大学の創立者の子孫だけに、大変な資産家である。鳩山由紀夫の祖父・鳩山一郎が率いた自由党（鳩山自由党）や後に結党した日本民主党の復活を連想させられる。鳩山一郎は、昭和二〇（一九四五）年一一月、日本自由党を結成して、総裁に就任した。海軍の特務機関長として中国で暗躍した右翼の大物・児玉誉士夫が戦後持ち帰った貴金属や物資などが、その資金に充てられたという説もある。鳩山一郎は、戦争責任を追及していた連合軍最高司令部（ＧＨＱ）の命令で一時、公職追放に遭った。

だが、昭和二六（一九五一）年に解除後、政界に復帰した。吉田茂の自由党主流と抗争し、昭和二九（一九五四）年、自由党反主流派を率いて改進党と合併、日本民主党をつくり総裁に就任した。日本民主党は少数派であったにもかかわらず、社会党の支持を得て、首相に就任した。「小が大を食う」現象が起きた。さらに昭和三〇（一九五五）年保守大合同により、自由民主党の初代総裁（首相）となった。鳩山由紀夫は、祖父の故事に倣い、民主党を結党して創始者となり、旧社会党勢力を糾合して「政権交代」を図ろうとしているようである。

●横路派は、「横路新党」結党への思いを民主党内で達成している

【新政局懇談会（旧社会党系＝横路派）】二三名

◆衆議院議員＝赤松広隆（比・東海⑥：愛知５区）▽土肥隆一（比・近畿⑥：兵庫３区）▽鉢呂吉雄（北海道４区⑥）▽細川律夫（比・北関東⑥：埼玉３区）▽池田元久（比・南関東⑤：神奈川６区）▽横光克彦（比・九州⑤：大分３区）▽郡和子（比・東北①：宮城１区）▽佐々木隆博（北海道６区①）＝八人。

◇参議院議員＝千葉景子（神奈川選挙区④）▽峰崎直樹（北海道選挙区③）▽神本美恵子（比例代表区②）▽郡司彰（茨城選挙区②）▽輿石東（山梨選挙区②）▽佐藤泰介（愛知選挙区②）▽高嶋良充（比例代表区②）▽谷博之（栃木選挙区②）▽山下八洲夫（岐阜選挙区②）▽相原久美子（比例代表区①）▽松岡徹（比例代表区①）▽水岡俊一（兵庫選挙区①）▽富岡由紀夫（群馬選挙区①）▽那谷屋正義（比例代表区①）▽中谷智司（徳島選挙区①）＝一五人。

横路孝弘は「横路新党」結党への思いを民主党内での有力派閥の結成により、達成させている。北海道知事という行政官の経験が、人物を一回りも二回りも大きくし、右寄り小沢一郎とも腹を割って話せる度量を持ち合わせている。旧社会党系の「最左翼」からは、不満を吐露されることもあるものの、「政権獲得」の夢を実現しようという大目標を目指して、派閥をよくまとめている。

●前原・枝野派は、「小沢一郎嫌い」の急先鋒である

【凌雲会（旧新党さきがけ若手保守系＝前原・枝野派）】一八名

◆衆議院議員＝枝野幸男（埼玉5区⑤）▽玄葉光一郎（福島3区⑤）▽仙谷由人（徳島1区⑤）▽前原誠司（京都2区⑤）▽安住淳（宮城5区④）▽近藤昭一（愛知3区④）▽古川元久（愛知2区④）▽小宮山洋子（比・東京③参①：東京6区）▽細野豪志（静岡5区③）▽泉健太（京都3区②）▽奥村展三（比・近畿②参①：滋賀4区）▽田島一成（滋賀2区②）▽高井美穂（比・四国②：徳島2区）▽馬淵澄夫（奈良1区②）▽小川淳也（比・四国①：香川1区）▽北神圭朗（比・近畿①：京都4区）＝一六人。

◇参議院議員＝福山哲郎（京都選挙区②）▽松井孝治（京都選挙区②）＝二人。

前原誠司は、京都大学法学部の故・高坂正堯教授（政治学）の愛弟子であり、松下政経塾出身でもあり、新保守主義（ネオ・コンサバティブ）の代表的政治家としてアメリカのネオコン・グループとも親交が深い。

小沢一郎代表の側近を長く務めた平野貞夫元参議院議員によると、このメンバーの中には、JR東日本労組や新左翼「革協同革マル派」との関係が深い者も含まれているという。この思想的に一見相容れない間柄と思われる結びつきは、奇妙である。けれども、不思議と気が合うらしく、共同歩調を取る。

そこに旧社会党系の仙谷由人が、自称「後見人」として加わっている。京セラの稲盛和夫最

高顧問が前原の後援会会長を引き受けており、前原は派閥内に「京都派閥」を形成、アメリカのネオコンから信頼されている自民党の小泉純一郎元首相からも一目を置かれ、「引き抜き工作」の対象になっている。枝野は、細川護熙率いた日本新党出身で、「小沢一郎嫌い」の急先鋒である。

●野田派は、松下政経塾出身者を一つにまとめてのし上がろうと躍起

【花斉会（「百花斉放」、皆が花を咲かせるようにとの願いを込める）（旧志士の会、若手保守系＝野田派）】七名

◆衆議院議員＝野田佳彦（千葉４区④）▽原口一博（比・九州④：佐賀１区）▽武正公一（埼玉１区③）▽市村浩一郎（比・近畿②：兵庫６区）▽大串博志（比・九州①：佐賀２区）＝五人。

◇参議院議員＝長浜博行（千葉選挙区①）▽川崎稔（佐賀選挙区①）＝二人。

野田佳彦も前原誠司とは松下政経で同じ釜のメシを食った間柄である。思想的には、ゼネラリストとして知られているけれど、「反小沢一郎」の旗頭的な存在である。民主党内の松下政経塾出身者を一つにまとめて有力派閥としてのし上がろうと躍起である。埼玉１区の武正公一は、後輩として野田の下で、忠勤ぶりを示している。

●無派閥は、有力派閥から盛んに誘いをかけられている

【無派閥】二三名

◆衆議院議員＝河村たかし（愛知1区⑤）▽内山晃（比・南関東②：千葉7区）▽岡本充功（比・東海②：愛知9区）▽篠原孝（比・北陸信越②：長野1区）▽田村謙治（比・東海②：静岡4区）▽長安豊（大阪19区②）▽村井宗明（比・北陸信越②：富山1区）▽吉田泉（比・東北②：福島5区）▽笠浩史（比・南関東②：神奈川9区）▽和田隆志（比・中国②：広島7区）▽逢坂誠二（比・北海道①：比例区単独）▽鷲尾英一郎（比・北陸信越①：新潟2区）＝一二人。

◇参議院議員＝小川勝也（北海道選挙区③）▽大塚耕平（愛知選挙区②）▽足立信也（大分選挙区①）▽犬塚直史（長崎選挙区①）▽植松恵美子（香川選挙区①）▽梅村聡（大阪選挙区①）▽大河原雅子（東京選挙区①）▽大久保勉（福岡選挙区①）▽大島九州男（比例代表区①）▽横峯良郎（比例代表区①）▽谷岡郁子（愛知選挙区①）＝一一人。

無派閥は、有力派閥から盛んに誘いをかけられている。だが、有力派閥の領袖との強い絆を結んでいない国会議員の多くが、旗幟鮮明にしていない。このため、多数派工作の草刈場となっており、どの派閥が無派閥議員をより多く取り込めるかが、主流派形成の大きなポイントとなっている。

●護憲派「リベラルの会」が存在感を増す

完全に派閥化しているとまでは言い難いけれど、近年、存在感を増しているのが、護憲派政策勉強会「リベラルの会」である。現有勢力は、一五人（衆議院議員八人、参議院議員七人）で、平岡秀夫（山口2区）が代表世話人を務めている。メンバーの内訳は、以下の通りである。

〔衆議院議員〕＝八人

○小選挙区（四人）＝寺田学（秋田1区）▽西村智奈美（新潟1区）▽近藤昭一（愛知3区）▽平岡秀夫（山口2区）

○比例区（四人）＝郡和子（比例東北・宮城1区）▽篠原孝（比例北陸信越・長野1区）▽岩国哲人（比例南関東・神奈川8区）▽川内博史（比例九州・沖縄・鹿児島1区）

〔参議院議員〕＝七人

○選挙区（四人）簗瀬進（栃木県）▽中村哲治（奈良県）▽犬塚直史（長崎県）▽松野信夫（熊本県）

○比例代表区（三人）＝白真勲▽藤末健三▽今野東

現職の会員の大半は、「新政局懇談会」（横路グループ）もしくは「国のかたち研究会」（菅グループ）にも重複して所属している。宗教団体「立正佼成会」から支援を受けている議員が多い。

なお、現在落選中、あるいは辞職した主なメンバーには、水島広子、生方幸夫、本多平直、斎藤勁、稲見哲男、石毛えい子、辻恵、楢崎欣弥、大出彰、小林千代美がいる。

「リベラルの会」は平成一六（二〇〇四）年八月二日、イラク邦人人質事件で自衛隊の撤退を求める民主党若手のリベラルないし平和憲法擁護（九条堅持、集団自衛権行使反対）の議員たちが集まって結成した。代表を置かず生方幸夫ら二〇人の世話人による集団指導体制を敷き、五〇名以上のメンバーを擁していた。結成大会で、以下の基本理念を採択した。

1　憲法第九条の精神を世界に広め、活かしていきます。自衛隊は専守防衛に徹し、一部の国を敵国扱いすることとなる集団的自衛権は行使せず、国連を中心とした集団的安全保障の確立を目指します。国連改革を推し進め、新しい国連の下、積極的に世界平和の構築に取組むとともに、北東アジアの平和と安全の為にイニシャティブを執っていきます。

2　真に自立した市民一人一人が政治に参加することのできる「市民に開かれた政治」を目指します。そして、「市民に開かれた政治」の中で、社会的立場の弱い人を含むあらゆる人が、安心して自由に暮らしていける社会の実現を目指します。

当初五〇人以上いたメンバーは、小泉内閣での世間の著しい右傾化の中、民主党内で独自の代表候補擁立に至らなかったこと、その他の政策活動で必ずしもまとまっているわけではないことなどから、元の根城である派閥へ戻ったり無派閥となったりしたため、メンバー数を減少させていった。

しかし、小泉首相が平成一七（二〇〇五）年九月一一日に断行した「郵政選挙」により、選挙地盤の弱い多くの若手メンバーが次々に落選し、会の存続が危ぶまれた。これに対して、近藤昭一と平岡秀夫の二人を代表世話人に選び、危機を乗り越え活動を再開した。

近藤昭一と平岡秀夫は平成一八（二〇〇六）年四月、「民主党が目指すべき安全保障」（通称近藤・平岡論文）を雑誌『世界』に発表し、当時、「新保守（ネオコン）路線」に舵を切っていた当時の前原誠司代表を牽制するなど独自の存在感を見せた。

「リベラルの会」は平成二〇（二〇〇八）年七月一五日から一七日、北海道・支笏湖周辺の温泉で政策合宿を行い、一五人が参加した。

研修会では、北海道大学の山口二郎教授が講演し、こう述べた。

「野党の役割は『政権を奪取する』ことにある。細かい政策を示すことではなく、どのような国を、社会を作りたいかという大きな枠組みを示すべきであり、細かい財源を示す責任はないはずで、雇用、医療、年金などでわかりやすい政策を掲げることが重要ではないか。

民主党は、ヘマさえしなければ政権が取れる状況にある。大事なことは政権を取ってからどうやって政策を実現するかだ。イギリスで労働党は、政権を取ってすぐに政策を実現し始めた。たとえば、政権を取ってから二週間でウェールズの地方自治の法律ができた。

代表選は無駄であり、やる必要はない。選挙を行えばなんらかのしこりが残ることになる。

ただ、シャンシャンで行うのはだめ、政策をみんなで共有する儀式が必要となる。小沢代表を作る手続きが必要だ。小沢代表は基本的にリベラル。小沢代表の国連軍への協力の議論は、憲法解釈の原則論として言っているものと考えられる。

伝統的な自民党政治は、裁量的政策（官僚が政治家とともにさじ加減を行う）が特徴であり、これをルールに基づく普遍的政策に変えることが必要である。また、民主党は、新自由主義ではなく、福祉重視の政策を打ち出すべきではないか」

続いて、宮本太郎教授が講演し、有権者へのアンケート調査の分析結果をベースに有権者の政治への期待がどうなっているかを説明した。また、社会保障制度について、こう語ったという。

「所得保障（お金の支給：年金、生活保護など）よりも公共サービスの提供（教育、介護、教育訓練）に力点を置くスウェーデン、デンマーク、フィンランドなどが好調である」

これからの日本が進むべき道について、示唆したのであった。

平岡秀夫代表世話人らは一六日、千歳市で記者会見し、「『思いやりの国・日本』を目指して」と題する政策提言を発表している。主な提言は、次のような内容となっている。

1　安全保障をめぐり、自衛隊とは別に「国際協力隊」を新設し、自衛隊に代わって海外での平和維持活動に当たる。

2　集団的自衛権の不行使原則を盛り込んだ「平和基本法」を制定する。

3　普天間基地の閉鎖と海外への移転を目指す。
4　医療保険制度を一元化する。
5　消費税の逆進性対策としての「戻し税」導入を検討する。
平岡は、安全保障については、小沢一郎がかねてから提唱している政策に合致していることから、代表選挙に立候補する小沢に賛同を求めると述べ、併せて、「リベラルの会」から独自候補を擁立することを見送る意向を示している。

●「日本新党」出身の国会議員一一人が自民党内の元同志と交流

民主党には、細川護熙元首相がつくった「日本新党」出身の国会議員が一一人いる。衆議院議員は、枝野幸男（埼玉5区、当選5回＝前原・枝野派）▽小沢鋭仁（山梨1区、当選5回＝鳩山派）▽河村たかし（愛知1区、当選5回＝無派閥）▽前原誠司（京都2区、当選5回＝前原・枝野派、松下政経塾）▽藤村修（比・近畿、当選5回＝鳩山派）▽野田佳彦（千葉4区、当選4回＝野田派、松下政経塾）の六人の面々である。

参議院議員は、江田五月（参議院議長、岡山選挙区、当選三回、衆議院議員4回＝社民連から合流＝菅派）▽円より子（比例代表、当選3回＝菅派）▽岩本司（福岡選挙区、当選2回＝鳩山派、元日本新党職員）▽長浜博行（千葉選挙区、当選1回、衆議院4回＝野田派、元松下政経塾東京事務所長）▽藤谷光信（比例代表、当選1回＝無派閥、元日本新党山口代表幹事）

の五人である。

一方、自民党には、小池百合子（元防衛相、東京10区、当選5回、参議院議員1回＝町村派）▽茂木敏充（金融・行政改革担当国務相、栃木5区、当選5回＝津島派）▽鴨下一郎（前環境相、東京13区、当選5回＝津島派）▽伊藤達也（福田康夫首相補佐官、元金融担当国務相、東京22区、当選5回＝津島派、松下政経塾）▽今井宏（埼玉3区、当選4回＝宏池会・古賀派）の五人がいる。

小池百合子元防衛相は平成二〇（二〇〇八）年四月二二日、東京都内で講演し、旧日本新党出身の国会議員の実名を挙げて、「ごっちゃり私どもの仲間がいる。ねじれ国会の中で国家を優先し、政局のみではない大人の対応ができるような舞台回し役ができればいい」と語った。「仲間」として実名を挙げたのは、当時の自民党の伊藤達也首相補佐官や鴨下一郎環境相、茂木敏充元科学技術・IT担当国務相のほか、民主党の前原誠司前代表や枝野幸男元政調会長だった。小池は同月九日、茂木、前原両氏らと小泉純一郎元首相を囲み、東京都内で会食していた。

●松下政経塾出身者一七人も、自民党内の同窓生と連絡

民主党の国会議員の松下政経塾出身者は、一七人（括弧内の○付き数字は、当選回数、衆は衆議院議員）。

衆議院議員は、野田佳彦（１期生、千葉４区選出④＝野田派）▽松原仁（２期生、東京ブロック選出③＝鳩山派）▽笹木竜三（３期生、北陸信越ブロック選出③＝羽田派）▽原口一博（４期生、九州ブロック選出④＝野田派）▽三谷光男（４期生、中国ブロック選出①＝羽田派）▽武正公一（５期生、埼玉１区選出③＝野田派）▽前田雄吉（５期生、東海ブロック選出③＝小沢派）▽神風英男（７期生、北関東ブロック選出②＝羽田派）▽山井和則（７期生、京都６区選出③＝羽田派）▽玄葉光一郎（８期生、福島３区選出⑤＝前原・枝野派）▽前原誠司（８期生、京都２区選出⑤＝前原・枝野派）▽市村浩一郎（９期生、近畿ブロック選出②＝野田派）▽松本大輔（22期生、中国ブロック選出②＝羽田派）▽三日月大造（23期生、滋賀３区選出②＝川端派）の一四人である。

参議院議員は、長浜博行（２期生、千葉選挙区選出①衆④＝野田派）▽徳永久志（８期生、滋賀選挙区選出①＝川端派）▽福山哲郎（11期生、京都選挙区選出②＝前原・枝野派）の三人である。

この松下政経塾出身者を民主党の派閥別に見ると次のようである。

〔１〕小沢派＝衆議院一人、参議院ゼロ、計一人
〔２〕羽田派＝衆議院五人、参議院ゼロ、計五人
〔３〕川端派＝衆議院一人、参議院一人、計二人
〔４〕菅派＝衆議院ゼロ、参議院ゼロ、計ゼロ

〔5〕鳩山派＝衆議院一人、参議院ゼロ、計一人
〔6〕横路派＝衆議院ゼロ、参議院ゼロ、計ゼロ
〔7〕前原・枝野派＝衆議院二人、参議院一人、計三人
〔8〕野田派＝衆議院四人、参議院一人、計五人
〔9〕無派閥＝衆議院ゼロ、参議院ゼロ、計ゼロ

これに対して、自民党の松下政経塾出身の国会議員は、衆議院議員一三人（逢沢一郎＝1期生⑦▽小野晋也＝1期生⑤▽鈴木淳司＝3期生②▽高市早苗＝5期生④▽伊藤達也＝5期生⑤▽河井克行＝6期生③▽赤池誠章＝7期生①▽秋葉賢也＝9期生②▽松野博一＝9期生③▽坂井学＝10期生①▽小野寺五典＝11期生③▽山本朋広＝21期生①▽川条志嘉＝24期生①）、参議院議員ゼロである。

いまにして見ればかなり意外性があるのだが、細川護煕元首相が日本新党を結成して以来、実動部隊として、党を支えてきたのは実は、松下政経塾出身者たちであった。つまり、これは、日本新党と松下政経塾出身者たちとの密接な関係を意味している。これからの民主党の行く末を展望するうえで、かなり重要なポイントとなる。

まず細川護煕が松下政経塾の評議員をしていた。この縁故から、細川といろいろ語し合う機会があり、政治理念や政策などにひかれて日本新党に参加した政経塾出身者も少なくなかったのである。

日本新党の松下政経塾出身者は平成六（一九九四）年七月二六日当時、日本新党所属の国会議員二五人のうち野田佳彦（1期生）、長浜博行（2期生）、山田宏（同）、前原誠司（8期生）、中田宏（10期生）ら七人を数えていた。このなかで日本新党所属の松下政経塾出身者の結束は、松下政経塾企画グループ主担当の桜井雅彦氏によれば、

「日本新党七人のなかに一期生の野田佳彦（千葉1区）がいて、中心的な人物となっています。長浜は二期生で、後輩のなかには、面接試験をした人間もいます」

という状況だった。このほか、自民党二人、新生党、新党さきがけ各一人、無所属四人が当選して一躍注目を浴びていたのである。

だが、松下政経塾出身者たちは、衆議院中選挙区において、ほかの候補者の所属政党や派閥、人間関係などの事情から、日本新党の七人を除いて、所属政党がそれぞれ異なっていたり、無所属だったりしていた。松下政経塾出身者が、必ずしも一体となって、結束を保てる状況にはなかった。この点について、桜井氏はこう話していた。

「逢沢一郎が一期生で当選三回なので、先頭に立っています。あと一四人は一回生です。きちんとした組織ではないけれど、一応年上を立てているようです。政界が、混乱状態なので出たり入ったりで、全員が集まってしっかり話す状況にはないものの、毎週一回水曜日に、現職衆議院議員一五人のメンバーが集まって、いろんな話をしているようです」

松下政経塾出身の衆議院議員たちは、政党は違ってもひとつの集団として、党・派閥横断的

に関係を深めていたようなのである。

松下政経塾首脳陣の強気の予想とは裏腹に、新党ブームが下火となり、なかんずく、日本新党の凋落を食い止めなければ、日本新党所属の前回当選の衆議院議員の大半が落選の憂き目にあう恐れがないとは言えない状況にあった。細川護煕は、平成五（一九九三）年七月一八日の総選挙の直後、日本新党所属の衆議院議員に対して、

「よほど腹をくくって臨まなければ、次の総選挙では、このうちのほとんどが落選することになる」

と断言していた。日本新党が、強固な組織を持たず、ただ単に、細川護煕と日本新党への国民人気にのみ頼って議席を獲得できた事実を、細川自身が冷静に見つめていた。日本新党は、足のない「幽霊政党」、あるいは、人気のみで舞い上がった「バブル政党」といった感が、多分にあったからである。最悪の場合は、細川を含めて、全滅という事態に陥らないとも限らなかったからである。

しかし、松下政経塾出身の政治家たちは、さすがに、いずれも超エリートの集団である。そうした状況に対して、早くから危機感を募らせていたのだろう。抜け目なく、次の生き残り戦術に知恵をめぐらせているようであった。

そのひとつの表れが、「立志会」であった。それぞれの政治理念や信条に従って、最もふさわしいと思う政党に所属し、それぞれに立場を異にしていながら、平成五（一九九三）年の暮

れに、大同団結の場となる「立志会」という政治団体を結成したのである。それぞれに異なる政党を越えて、ひとつの横断的なつながりを持ち、塾の理念を実現していこうというのが、この会の目的であった。初代の代表に、逢沢一郎が就任していた。事務局は、日本新党所属の野田佳彦が担当していた。そのころ、「立志会」は、現職の衆議院議員一五人と前回の総選挙で敗れた数人を加えたメンバーで構成されていた。

「立志会」は、松下幸之助のいう「志」をキーワードにして命名されたという。だが、「立志会」といえば、自由民権運動の旗頭であった板垣退助が中心になって、明治七（一八七四）年に結成した「立志社」が想起された。藩閥政治に反抗して激しい政治闘争を繰り広げている最中に、暴漢に襲われた板垣退助は、「板垣死すとも自由は死せず」との名言を吐いたといわれる大政治家だった。このように「立志会」は、趣旨こそ違え、由緒ある政治団体の名前であった。

このなかで、一番の兄貴分である逢沢一郎が、どこまでこの会をまとめ、同志を統率できるかが、「立志会」の行く末を左右していた。ひいては、政治的なパワーを持つ超エリートたちの同窓会的な親睦団体に終わるか、松下政経塾出身者による政治勢力を形成できるかも、逢沢一郎の力量ひとつにかかっている面があるとさえ思われていたのである。

しかし、残念ながら、いまの松下政経塾出身の政治家たちの姿を見ると、この問題に関する限り、やや悲観的にならざるを得なかった。それは、松下幸之助の没後、しばらくして塾生や

OBたちから、実にネガティブな言い方が喧伝されていたからである。

「松下政経塾の人材養成の仕方は、どこか変だ。やたらと名利栄達を求める人材をつくり、庶民感覚からずれてきている」

それは、二一世紀のリーダー養成という高い理想を掲げておりながら、地位や名誉を得たり、条件のいい結婚ができるようになるための、きわめて俗物的な人材しか輩出できなくなっているという嘆きの声でもあった。

松下幸之助は、明治維新当時の勤皇の志士を輩出した吉田松陰の「松下村塾」をモデルにして、現代の志士を養成するのを本来の狙いとしていたはずであった。にもかかわらず、早くも、組織の論理や年功序列の論理がまかり通り始めていたのであった。

松下政経塾の塾生やOBたちの多くが、人生を非常に打算的に考えるようになったことにも問題があった。効率よく地位とカネに恵まれる人生の最短距離をみつける能力にかけては、抜群で、青年らしさを欠いた老成した大人のものの考え方を平然とやってのける者が、珍しくなかったからである。たとえば、結婚についても同様で、家柄のいい金持ちの娘や代議士などの娘を物色している者が少なくなかったのである。

こうなると、理想的な政治を目指そうという松下幸之助の描いた政治家像が、かなり色あせてくる。庶民性からもほど遠い計算高い嫌味な「パワーエリート」が大量生産されるのではないかと、危惧されたのである。その意味では、松下政経塾の出身者はもとより、塾生たちは、松下幸之助が「志」を示した創設の原点に立ち戻り、純真な気持ちで、いま一度、日本の将来を見つめ直してみる必要がありそうである。

とは言うものの、いまや中央政界のみならず、地方政界においても「隠然たる勢力」を築いてきているのも歴然たる事実である。松下電器産業、いま流に言えば「パナソニック」社員のように、まるで「金太郎飴」のような「サラリーマン」然あるいは「感情のないロボット」然としていて、現代流の「リクルート・スーツ」を着たような、あまり政治家らしくない政治家が増殖し、彼ら、彼女らが単に「同窓生」であることのみにシンパシーを感じて、一糸乱れず、団体行動を取るのではないかという一種の「薄気味悪さ」はある。それが民主党の政権取りにプラスに作用するのか、はたまた自民党の政権維持に効果を発揮するのか、注意深く監視するのは、国民・有権者の務めでもある。

第2章　民主党の結党

ではここで、民主党結党以来の歴史をふりかえってみよう。

民主党は、鳩山由紀夫と菅直人の二人の創業者によって平成八（一九九六）年九月二八日に結成された後、二度にわたり他の政党と合併しながら伸長してきた。平成一〇（一九九八）年四月二七日、民主・民政・新党友愛・民主改革連合の四党が合同して、「新・民主党」が結成されてから一〇年、民主・自由両党が平成一五（二〇〇三）年九月二六日、合併協議書に調印して合併してから五年になる。

そして平成一九（二〇〇七）年七月二九日の参議院議員選挙に大勝し、自民・公明連立政権を過半数割れに追い込み、ようやく悲願の「政権交代」に向けて大きな足かがりをつかむところまで到達してきた。すなわち、ここにきて、民主党は、政権という山頂に向けて、「八合目」に辿り着いた。「山頂」が見えてきているのである。

こうした複数の政党が、合流・合併してきた経緯から、民主党内には、出身政党がそれぞれ「核」になり、「グループ（党内集団）」がまとまって行動するようになってきた。加えて、同窓会的つながりや、政治信条や政策を同じくする者たちが、政策勉強会を立ち上げ、それらが派閥形成に拍車をかけるようになったのは、紛れもない事実である。このことが、政権交代にプラスに作用するのか、反対に、足を引っ張るマイナス作用となるのかは、いまのところ定かではない。

●自民党三八年の長期単独政権が幕を閉じる

日本新党党首・細川護熙が、平成五（一九九三）年八月九日、自民党離党組（羽田派四四人）が結成した新生党（党首・羽田孜）の代表幹事・小沢一郎と新党さきがけ代表・武村正義に担がれ、八党派連立政権を発足させ、自民党三八年の長期単独政権が幕を閉じた。

鳩山由紀夫（細川連立内閣の官房副長官）、菅直人の二人は、後に新党さきがけから脱党して、民主党を結成することになる。

新党さきがけは、武村正義（細川連立内閣の官房長官、村山連立内閣の蔵相）が実質的な創業者で、「武村党」の性格が濃厚であった。武村を慕って自民党から脱党してきた者が大半を占めていた。つまり、鳩山由紀夫、菅直人のいずれの政党でもなかった。

●衆議院小選挙区比例代表並立制法案が可決成立

その細川政権下、参議院は平成六（一九九四）年三月四日の本会議で、「衆議院への小選挙区比例代表並立制・政党活動への助成金支出等の政治改革関連四法案」を可決成立させ、これらの法律は同月一一日、公布施行された。この年の一一月二一日、衆議院小選挙区の新しい区割り法が成立し、一二月二五日施行された。

しかし、細川は、「政治改革関連四法案」成立直後、平成六（一九九四）年四月八日、佐川急便グループから一億円を借金していた問題が発覚し、国会空転を招いた責任を取り、突如辞意を表明した。

この日、衆議院の会派「新党さきがけ日本新党」は解消、日本新党三八人と社民連二人が統一会派「改革」を結成、同月二二日、新生・公明・社会各党などの連立与党が、新生党党首・羽田孜を首相候補に決定、細川は同月二五日退陣に追い込まれ、衆議院本会議で、羽田が首班指名された。その直後、新生・日本新・民社・自由・改革の会の五党派が、「改革」を結成した。

だが、二六日、社会党が連立を離脱したため、羽田政権は二八日、少数与党で発足することとなった。社会党の連立復帰の可能性がなく、羽田は六月二五日、臨時閣議で総辞職を決定した。同月二九日、自民・社会・新党さきがけ三党に擁立された社会党委員長・村山富市が、海部俊樹（元首相）との決戦投票の結果、首班に指名され、村山政権が三〇日発足、羽田政権は、在職期間わずか「六四日」の短命政権に終わった。

●小選挙区では小政党の候補者が当選するのは極めて難しい

小選挙区比例代表並立制は、小政党の生き残りに配慮した比例代表制を並立させているとはいえ、「小選挙区」では当選者一人に設定されている。そのため、例外的に知名度の高い候補者が当選する可能性はあっても、基本的に大政党の候補者に有利に働く機能があり、小政党には不利な制度である。はっきり言えば、小選挙区では、小政党の候補者が当選するのは極めて難しい。

このため、まず小政党の新生党、公明党などは平成六（一九九四）年一二月一〇日、衆参二一四人という大勢力を擁する「新進党」（海部俊樹党首、小沢一郎代表幹事）を結成した。公明党は、新進党参加の「公明新党」と残留の「公明」に分党というテクニックを使って対処していた。

新進党の結成以降、新党さきがけ、社会党、共産党などの小政党や諸派、無所属は、自民党と新進党の二大政党が激突するなかで埋没は避けられず、次期総選挙で「大打撃」を受ける恐れが高まっていた。壊滅すら予感され、政党存続はもとよりの議席維持が危ぶまれていたのである。このため、いかにして生き残るかが最大の課題となり、所属衆議院議員は、「活路」を求めて苦悩していた。

村山富市は平成八（一九九六）年一月五日、体力に自信を失い、臨時閣議で突然退陣を表明した。同月一一日、臨時国会が召集され、橋本龍太郎が首班に指名され橋本政権が発足した。副総理・蔵相に社会党書記長・久保亘、官房長官に自民党の梶山静六、厚相に新党さきがけの菅直人が就任した。同月一九日には、社会党大会が開催され、党名を「社会民主党」に改名、初代党首に村山富市、幹事長に佐藤観樹、政審会長に伊藤茂が選ばれている。

●「鳩船新党」を断念する

しかし、新党さきがけ代表幹事・鳩山由紀夫は、次期総選挙での党勢衰微への危機感を強め、社会民主党との「社さ新党」を模索し始めた。当初は船田元（新進党）との「鳩船新党」を検討していた。だが、船田は保守政党に固執したため断念せざるを得なかった。

その後、鳩山は、橋本政権の厚相・菅直人（新党さきがけ）や北海道知事の横路孝弘と接触を重ね、新党結成で合意した。菅は薬害エイズ問題の対応で世論の支持を集めていた。

当初は社会民主党・新党さきがけ全体の新党移行を想定していたのであるが、鳩山邦夫が、自民・社民・さきがけ政権の中心人物であった元首相の村山富市、新党さきがけ代表の武村正義の参加拒否を主張し、鳩山由紀夫も同調した。

このときの対応は、「排除の論理」と言われ物議を醸し、この年の流行語大賞にも選ばれている。この結果、社さ両党は、新党に移行せず存続することになった。

●民主党設立委員会を発足させる

鳩山由紀夫と実弟・鳩山邦夫（新進）、菅直人、岡崎トミ子（横路の代理、社会民主党）の四人が平成八（一九九六）年九月一一日から、「民主党設立委員会」結成を呼びかけた。

菅直人厚相と鳩山由紀夫は九月一七日、衆議院議員三五人、参議院議員四人の計三九人で民主党設立委員会を発足させた。

●新党「民主党」を事実上旗揚げ

菅直人厚相と鳩山由紀夫を中心とした新党「民主党」は、九月二二日、東京都内のホテルで設立委員会の結成記念大会を開き、事実上旗揚げした。設立委員会には、衆議院議員四六人、参議院議員四人の現職国会議員五〇人が参加した。参加者は次の通り。出身政党別。丸囲み数字は当選回数。

【社会民主党】◆衆議院議員＝森井忠良⑦▽池端清一⑥▽日野市朗⑥▽辻一彦④▽中村正男④

▽網岡雄③▽石橋大吉⑨▽田口健二③▽赤松広隆②岩田順介②▽大畠章宏②▽岡崎トミ子②▽小林守②▽與石東②▽五島正規②▽佐々木秀典②▽佐藤泰介②▽田中昭一②▽鉢呂吉雄②▽細川律夫②▽細谷治通②▽松本龍②▽池田隆一①▽永井哲男①▽山崎泉①

◇参議院議員＝朝日俊弘①▽伊藤基隆①▽川橋幸子①▽峰崎直樹

【さきがけ】◆衆議院議員＝菅直人⑤▽鳩山由紀夫③▽小平忠正②▽簗瀬進②▽荒井聡①▽五十嵐ふみひこ①▽石井紘基①▽枝野幸男①▽小沢鋭仁①▽金田誠一①▽玄葉光一郎①▽田中甲①▽中島章夫①▽前原誠司①

【市民リーグ】◆衆議院議員＝嶋崎譲⑧▽山花貞夫⑦▽後藤茂⑥▽海江田万理①▽牧野聖修①

【新進】◆衆議院議員＝鳩山邦夫⑥

【無所属】◆衆議院議員＝佐藤謙一郎②

●「二〇一〇年までに政策を実現して解散する」と「時限政党」を標榜する

民主党設立委員会は、二七日の幹事会で、当面の執行部体制について、総選挙に臨む暫定的な措置として、菅直人と鳩山由紀夫の二人代表制とすることを決めた。鳩山が党大会や党組織担当の代表、菅が幹事会運営担当の代表で、事実上の幹事長職務を兼務、二八日の結党大会で正式に選出し、総選挙後の党大会で改めて執行部体制を決めることにしたのであった。このとき「二〇一〇年までに政策を実現して解散する」という「時限政党」を標榜した。

この日の幹事会では、社会民主党を離党した佐藤観樹（前幹事長）、渡辺嘉蔵（官房副長官）、早川勝の三人の入会を承認、民主党参加の衆議院議員と参議院議員は、五七人となった。また、菅直人が特別国会まで厚相を続ける方針も了承した。

菅直人は、第一次橋本内閣で閣僚であったため内閣への協力姿勢を示していた。このため、結成当初、橋本政権への対応が定まっておらず、「与党（よ党）でも野党（や党）でもない『ゆ党』」と評された。

●日本教育会館で結成大会を開く

橋本首相は九月二七日、第一三七臨時国会を召集し、冒頭解散した。総選挙を目前にして、民主党は九月二八日、東京都千代田区の日本教育会館で結成大会を開いた。新党に参加したのは社会民主党・新党さきがけの一部議員と新進党から一人（鳩山邦夫）だった。山花貞夫、海江田万里が所属した市民リーグは、解散して参加した。

その内訳は、以下の通りであった。（出身政党別。丸囲み数字は当選回数。）

【社会民主党から】（三五人）

◆前衆議院議員＝佐藤観樹⑨▽森井忠良⑦▽井上一成⑦▽池端清一⑥▽日野市朗⑥▽辻一彦④▽中村正男④▽網岡雄③▽石橋大吉③▽田口健二③▽早川勝③▽渡辺嘉蔵③▽赤松広隆②▽岩田順介②▽大畠章宏②▽岡崎トミ子②▽小林守②▽輿石東②▽五島正規②▽坂上富男②▽

佐々木秀典②▽佐藤泰介②▽田中昭一②▽鉢呂吉雄②▽細川律夫②▽細谷治通②▽松本龍②▽山元勉②▽池田隆一①▽永井哲男①▽山崎泉①＝三一人

◇参議院議員＝朝日俊弘▽伊藤基隆▽川橋幸子▽峰崎直樹＝四人

【新党さきがけから】（一五人）

◆前衆議院議員＝菅直人⑤▽鳩山由紀夫③▽小平忠正②▽簗瀬進②▽荒井聡①▽五十嵐ふみひこ①▽石井紘基①▽枝野幸男①▽小沢鋭仁①▽金田誠一①▽玄葉光一郎①▽田中甲①▽中島章夫①▽前原誠司①＝一四人

◇参議院議員＝中尾則幸①＝一人

【市民リーグから】（五人）

◆前衆議院議員＝嶋崎譲⑧▽山花貞夫⑦▽後藤茂⑥▽海江田万理①▽牧野聖修①＝五人

【新進党から】（一人）

◆前衆議院議員＝鳩山邦夫⑥＝一人

【無所属から】（一人）

◆前衆議院議員＝佐藤謙一郎②＝一人

●鳩山由紀夫・菅直人の「二人代表制」を敷く

結党大会では、初代代表に鳩山由紀夫、菅直人を選出し、鳩山、菅両代表が、副代表に鳩山邦夫、岡崎トミ子、横路孝弘（一九九五年四月、北海道知事を任期満了に伴い退任、総選挙出馬に向けて準備中）の三人を指名、役員人事や党規約を承認した。ただし、「二人代表制」など、いずれも総選挙後に開く第二回大会までの暫定とすることも決まった。

役員人事の詳細は、以下の通りであった。

□代表（総選挙対策本部長）＝鳩山由紀夫、菅直人

□副代表＝鳩山邦夫（広報宣伝担当幹事兼務）、岡崎トミ子（国際交流担当幹事兼務）、横路孝弘（組織担当幹事兼務）

□幹事＝海江田万里（総務）、簗瀬進（政策）、赤松広隆（財務）、枝野幸男（男女共同参画）、川橋幸子（自治・分権）、横田克巳（ネットワーク）、大畠章宏（国会運営）、峰崎直樹（企画）、玄葉光一郎（企画）。

●初の「小選挙区比例代表並立制」により第四一回総選挙に臨む

民主党は、衆議院では自民党、新進党に次ぐ第三の勢力として、いよいよ一〇月二一日の初の「小選挙区比例代表並立制」によって行われる第四一回総選挙に臨むことになった。

この総選挙は、全国三〇〇の小選挙区（総定数三〇〇）と全国一一ブロックに分ける比例代表区（同二〇〇）で五〇〇の議席を争う選挙だった。

政党は、政権獲得を最大目標として選挙戦を戦う。そのためには、単独政党であれ、複数政

党であれ、衆議院において、過半数の議席を確保しなければならない。内閣総理大臣は日本国憲法第六七条（内閣総理大臣の指名、衆議院の優越）の規定に従い、首班指名投票・多数決により、第一位になった国会議員が指名される。

このときの衆議院の議員定数は、五〇〇だったので、民主党単独政権を樹立しようとすれば、二五一議席を勝ち取る必要があった。

しかし、民主党（公示前勢力五二人）は、小選挙区に一四三人（前職四五人、元職一〇人、新人八八人）、比例代表区に一五九人（前職四九人、元職一三人、新人九七人＝重複一四一人）、合計一六一人の候補者しか立てることができなかったので、仮に全員当選を果たしたとしても、過半数には、九〇人足りなかった。政権に入るには、ほかの政党と連立に加わるしかなかった。自民党、新進党の大政党がいずれも過半数に達しない場合には、キャスティング・ボートを握り、連立政権樹立に貢献することもできた。

●「比例区政党」の色彩を印象づける

総選挙の結果、結党から三週間余りで総選挙に臨んだ民主党は、自民党と新進党との狭間で伸び悩み、民主党は、小選挙区一七人（前職一〇人、元職三人、新人四人）、比例代表区三五人（前職二〇人、元職二人、新人一三人）、合計五二人がやっと当選でき、選挙前の勢力を維持するに止まった。とくに比例代表区での復活当選者が目立ち、「比例区政党」の色彩を印象づけたのであった。過半数には、一九九議席も不足していたのである。

ほかの政党の成績は、以下の通りであった。

自民党二三九人（小選挙区一六九人、比例代表区七〇人）▽新進党一五六人（小選挙区九六人、比例代表区六〇人）▽共産党二六人（小選挙区二人、比例代表区二四人）▽社民党一五人（小選挙区四人、比例代表区一一人）▽新党さきがけ二人（小選挙区二人、比例代表区ゼロ人）▽民改連一人（小選挙区一人、比例代表区ゼロ）▽無所属九人（小選挙区九人）、自由連合、新社会党、諸派は、いずれもゼロだった。

●民主党の勢力は、衆議院議員五二人と参議院議員五人計五七人

総選挙直後の国会における民主党の勢力は、衆議院議員五二人（社民党出身者二五人、新党さきがけ出身者一六人、市民リーグ出身者三人、新進党出身者一人、所属政党なし七人）と参議院議員五人計五七人となっており、以下の通りであった。

◆衆議院議員（五二人）

山花貞夫⑧比・東京＝市民リーグ▽井上一成⑧比・近畿＝社民▽鳩山邦夫⑦東京2区＝新進▽池端清一⑦比・北海道＝社民▽日野市朗⑦比・東北＝社民▽横路孝弘⑥北海道1区＝社民▽菅直人⑥東京18区＝さきがけ▽辻一彦⑤福井3区＝社民▽鳩山由紀夫④北海道9区＝さきがけ▽伊藤忠治④比・東海＝社民▽石橋大吉④比・中国＝社民▽佐々木秀典③北海道6区＝社民▽

鉢呂吉雄③北海道8区＝社民▽小平忠正③北海道10区＝さきがけ▽赤松広隆③愛知5区＝社民▽松本龍③福岡1区＝社民▽中沢健次③比・北海道＝社民▽大畠章宏③比・北関東＝社民▽小林守⑤比・北関東＝社民▽細川律夫③比・北関東＝社民▽佐藤謙一郎③比・南関東＝さきがけ▽坂上富男③比・北陸信越＝社民▽山元勉③比・近畿＝社民▽五島正規③比・四国＝社民▽岩田順介③比・九州＝社民▽田中甲②千葉5区＝さきがけ▽池田元久②神奈川6区＝社民▽仙谷由人②徳島1区＝社民▽金田誠一②比・北海道＝さきがけ▽玄葉光一郎②比・東北＝さきがけ▽枝野幸男②比・北関東＝さきがけ▽小沢鋭仁②比・南関東＝さきがけ▽海江田万里②比・東京＝市民リーグ▽石井紘基②比・東京＝さきがけ▽前原誠司②比・近畿＝さきがけ▽安住淳①宮城5区＝さきがけ▽末松義則①東京19区＝さきがけ▽山本譲司①東京21区▽渡辺周①静岡6区▽葉山峻①比・南関東＝社民▽北村哲男①比・南関東＝市民リーグ▽生方幸夫①比・南関東＝さきがけ▽石毛鍈子①比・東京▽藤田幸久①比・東京▽桑原豊①比・北陸信越＝社民▽古川元久①比・東海▽近藤昭一①比・東海＝さきがけ▽家西悟①比・近畿▽肥田美代子①比・近畿＝社民▽中桐伸五①比・中国＝社民▽松本惟子①比・九州▽川内博史①比・九州＝さきがけ

◇参議院議員（五人）

川橋幸子①比＝社民▽朝日俊弘①比＝社民▽伊藤基隆①比＝社民▽峰崎直樹①北海道＝社民▽中尾則幸①北海道＝さきがけ

代表・鳩山由紀夫は、「善戦はしたと思う」と言いつつも、「結党間もなくで、準備不足だった。投票率（五九・七％）も低かった」と語り、時間不足を認めた。一方の代表・菅直人も「善戦した」と強調するのが精一杯だった。

自民党は単独過半数に届かなかったものの、選挙前勢力を上回る復調ぶりを示していた。社会民主党（土井たか子党首＝一九九六年九月から二〇〇三年一一月まで）と新党さきがけ（井出正一代表＝一九九六年八月から同年一〇月まで）は、惨敗を喫した。

とくに社会民主党が選挙前の三分の一に激減してしまい、消滅への道をころがり落ちる速度が増していた。

これに対し、民主党は、新進党や社会民主党や新進党に代わって自民党に十分対抗できる新勢力になり得るという可能性を予感させた。

●民主党は長い闘争の道に乗り出さねばならなかった

自民党総裁であった橋本龍太郎首相は、自民党が過半数に一二議席不足していたため、自民党単独政権を樹立できず、不足議席をほかの政党と連立を組む道を選ばざるを得なかった。しかし、竹下登元首相が自民党旧竹下派（経世会）の後継者として橋本龍太郎・小渕恵三を選び、敗北した羽田孜・小沢一郎が自民党を離党して、新生党をつくり、新進党を結党したという経緯から、橋本首相が、小沢一郎が党首の座にあった新進党と大連立を組むことは、不可能だった。

橋本首相は昭和三五（一九六〇）年慶応大学法学部卒、昭和三八（一九六三）年衆議院議員初当選、小沢は昭和四二（一九六七）年慶応大学経済学部卒、昭和四四（一九六九）年衆議院議員初当選で先輩・後輩の関係にあったけれど、経世会内で熾烈を極めた「一龍戦争」は、依然として続いていたのである。

結局、橋本首相は、それまでの自民、社民党・さきがけとの関係を大事にし、「橋本連立政権」の継続を決め、平成八（一九九六）年一一月七日、第一三八特別国会を召集し、「行政改革」を掲げて、自民、社民党・さきがけによる「緩やかな連合」による第二次橋本自民党単独政権を成立させた。

民主党は、次期総選挙での「党勢拡大」、それも「比較第一党」から「単独過半数」を目指すという長い闘争の道に乗り出さねばならなかった。

鳩山由紀夫、菅直人の二人代表が率いる民主党は、本格的に全国の組織づくりに乗り出した。総選挙では期待に反して大きな風が吹かず、衆議院解散時の勢力の維持に止まった。その反省から、「足腰を強めて次の戦いに備えよう」という戦略である。

●鳩山由紀夫と菅直人の不安材料

鳩山由紀夫と菅直人が代表として、民主党内で主導権を握るには、まず自ら親衛隊のような側近グループをつくらなくてはならなかった。

しかし、鳩山由紀夫が側近と呼べる国会議員は、実弟の鳩山邦夫（元文相、元労相）と新人の藤田幸久（前社団法人国際ＭＲＡ専務理事）、菅直人の直系は、山本譲司（菅代表の元秘書）、末松義規らにすぎず、いずれもごくわずかだった。

この二人は、新党さきがけから脱党して、新党を結成したいわば創業者である。しかし、鳩山のキャラクターと菅の国民的人気の「二枚看板」により檜舞台で踊ってはいたけれど、国民人気ほど、うつろいやすいものはない。人気が薄れたときが、鳩山と菅の正念場となることが予想された。

だが、鳩山、菅の二人には、不安材料があった。それは、政治路線を微妙に異にしていると いう点であった。鳩山の路線は、「野党色」が強く、橋本政権と対峙しようとしていた。これに対して、菅は、行政改革を行おうという志を政権のなかで実現を図る道を探り、橋本政権との連立に意欲的であった。

●鳩山、菅のいずれも相手を心底から信用をしてはいなかった

鳩山由紀夫は、菅直人との路線の違いを認めて、こう説明していた。

「菅代表と考えがまったく同じであるかと言えば、それは違う。また、お互いに信用し合っているかと言えば、そうでもない」

鳩山、菅のいずれも相手を心底から信用をしてはいなかった。「お互いの違いを承知」のう

えで、当面、お互いに利用し合っている間柄にすぎなかったのである。このため、この二人の路線の違いが、党内亀裂を招きかねず、いつか爆発するのではないかという不安材料になっていた。

●「第三の男・横路孝弘」は、不気味な存在であった

それ以上に、鳩山・菅体制にとって、「第三の男・横路孝弘」は、不気味な存在であった。党内最大勢力である旧社会党＝社会民主党出身の国会議員をバックにしていたからである。鳩山由紀夫が依拠している「友愛精神」を理念にして民主党は立ち上げられていたにもかかわらず、マルクス・レーニン主義者を含む過激な社会主義者を中心とする「革新陣営」に乗っ取られて、かれらの「新しい牙城」になるのではないかという危惧も感じられていた。

横路は、しばらくは大人しく鳴りを潜めているかに見えたものの、機が熟せば、一気に主導権を握ろうという構えも見られ、衣の下に鎧がチラついていた。

●民主党は当初、さながら旧社会党の「生まれ変わり」のようだった

そこで旧社会党出身の国会議員の勢力を洗い出してみよう。衆議院議員は二七人（社民党出身者二五人、市民リーグ出身者二人）、参議院議員は四人で総勢三一人だった。

◆衆議院議員（二七人）

■山花貞夫⑧比例東京＝市民リーグ（社会党委員長、弁護士、国務相、無派閣、山花秀雄社会党副委員長の長男。父が所属していた「社会主義研究会」の流れを汲み、社会党の本流を自認。「新時代の左派」を標榜していた時期もある。人事では政権構想研究会と同一歩調を取り、有力ポストを獲得。「新しい社会党をつくる会」で指導的な立場に立つ）

■井上一成⑧比・近畿＝社民（社会党副委員長、国際局長、摂津市長、無派閥）

■池端清一⑦比・北海道＝社民（社会党元北海道本部委員長、無派閥）

■日野市朗⑦比・東北＝社民（社会党政策審議会長、弁護士、郵政相、江田派）

■横路孝弘⑥北海道1区＝社民（社会党衆議院議員、社会党右派と呼ばれた最大の議員集団「政権構想研究会」メンバーの一人。政策構想研究会、新しい流れの会、北海道知事、弁護士）

■辻一彦⑤福井3区＝社民（社会党福井県本部委員長）

■伊藤忠治④比・東海＝社民（社会党中央執行委員）

■石橋大吉④比・中国＝社民（社会党島根県本部委員長、県評議会議長、自治労中央執行委員）

■佐々木秀典③北海道6区＝社民（社会党、弁護士）

■鉢呂吉雄③北海道8区＝社民（社会党函館館支部委員長、道南地区評議会議長）

■赤松広隆③愛知5区＝社民（元社会党書記長、赤松勇・副委員長の長男、超党派のデモク

ラツの主軸として活動）

■松本龍③福岡1区＝社民（社会党建設部会長、福岡県本部副委員長）

■中沢健次③比・北海道＝社民（社会党総務局長）

■大畠章宏⑨比・関東＝社民（社会党政策審議会副会長、茨城県議）

■小林守③比・北関東＝社民（社会党栃木県本部委員長、栃木県議）

■細川律夫③比・北関東＝社民（社会党埼玉県本部常任顧問、弁護士）

■坂上富男③比・北陸信越＝社民（社会党法務部会長、弁護士）

■山元勉③比・近畿＝社民（社会党滋賀県本部委員長）

■五島正規③比・四国＝社民（社会党副書記長、社会党高知県顧問、病院長）

■岩田順介③比・九州＝社民（社会党福岡県本部長、自治労福岡県委員長）

■池田元久②神奈川6区＝社民（社会党、ニューウェーブの会代表幹事、元ＮＨＫ政治記者）

■仙谷由人②徳島1区＝社民（社会党、弁護士）

■葉山峻①比・南関東＝社民（神奈川県藤沢市議、藤沢市長、全国革新市町会会長）

■北村哲男①比・南関東＝市民リーグ（社会党、参議院犠員、全逓信弁護団）

■桑原豊①比・北陸信越＝社民（社会党石川県代表）

■肥田美代子①比・近畿＝社民（社会党、参護院議員、童話作家、薬剤師）

■中桐伸五①比・中国＝社民（自治労顧問医）
◇参議院議員（四人）
■川橋幸子①比＝社民
■朝日俊弘①比＝社民（社会党、医師、病院長）
■伊藤基隆①比＝社民（社会党、全逓委員長、連合副会長）
■峰崎直樹①北海道＝社民（社会党北海道政策委員長）

その後、社会民主党から次のような参議院議員九人が民主党に入党してきてきた。
■萱野茂①比＝社民（社会党、シシリムカ二風谷アイヌ資料館長）
■竹村泰子②比＝社民（社会党副委員長、衆議院議員）
■千葉景子②神奈川＝社民（社会党、社会民主党副党首、弁護士）
■一井淳治②岡山＝社民（社会党、弁護士）
■藁科満治①比例＝社民（参議院社会党副会長、連合・電気労連顧問）
■前川忠夫①比例＝社民（社会党、連合副会長）
■今井澄①長野（社民社会党長野県本部委員長、病院長）
■斉藤勁①神奈川＝社民（社会党神奈川県連合常任幹事）
■角田義一②群馬＝社民

旧社会党→社会民主党出身の参議院議員は、計一三人となっていた。

民主党勢力は総勢六六人（衆議院議員五二人、参議院議員一四人）、このうち、旧社会党出身者は衆議院議員二七人（全体の五二％）、参議院議員一三人（同八〇％）の計四〇人となっていた。

民主党からのスタート組である新人は、衆議院議員が九人で全体の一七％、参議院議員はまだ選挙されていなかったので、ゼロであった。このことから民主党は、さながら、旧社会党の生まれ変わりのような感は拭い切れなかったのである。

旧社会党国会議員たちが一度は乗ったボロ船の社会民主党が、沈没寸前にあったので、これに見切りをつけて脱出、命からがら民主党に駆け込み、地位の保全を図ろうとしたのであった。それは、ネズミが逃亡する姿によく似ていた。

社会党書記長や社会民主党副委員長まで務めた久保亘（第一次橋本連立内閣の蔵相）まで、長年の戦友である土井たか子委員長や村山富市（前首相、元前社会民主党委員長）と袂を分かち、平成九（一九九七）年一月一〇日、民主党代表の菅直人と会い、参議院の院内会派「民主党・新緑風会」に所属することで合意した。これは、平成一〇（一九九八）年七月の参議員選挙での生き残りを賭けての行動とも読め、このこと自体が、旧社会党＝社会民主党の悲惨な現実をよく示していたのである。

●幹事会の主流は、旧社会党出身者だった

民主党は、過半数を制していた旧社会党＝社会民主党出身者と、それに次ぐ勢力の新党さきがけ出身者という「外人部隊」の二大勢力の上に、鳩山由紀夫と菅直人の二人が帽子のように乗っている形をなしていた。

つまり幹事会は、一七人で構成され、代表が、鳩山由紀夫（自民党↓新党さきがけ）、菅直人（社民連↓新党さきがけ）、副代表が、鳩山邦夫（自民党↓新進党）、横路孝弘（社会党↓民主党）、岡崎トミ子（社会民主党、落選）の三人だった。幹事は、赤松広隆（社会党↓社会民主党）、枝野幸男（日本新党↓新党さきがけ）、大畠章宏（社会民主党）、海江田万里（民主新党クラブ↓市民リーグ）、川橋幸子（社会民主党）、玄葉光一郎（新党さきがけ）、小林守（社会民主党）、仙谷由人（社会党↓民主党）、松本龍（社会民主党）、峰崎直樹（社会民主党）、簗瀬進（自民党↓新党さきがけ）、横田克己（神奈川ネットワーク運動）の一二人であった。

幹事会メンバー一七人のなかで、旧社会党出身者が、衆参両院合わせて九人（うち落選中一人）を占めており、過半数を占めていた。幹事一二人のなかで、旧社会党出身者は七人で、こちらも過半数をわずかに超えていた。民主党は、ここでも旧社会党出身者が主流を占める政党であるということを意味していた。

●党内クーデターでさえ可能であった

しかし、これら旧社会党出身者が、果たして代表の鳩山由紀夫が掲げていた「友愛精神」をどこまで理解し、心服しているかはかなり疑わしかった。

「友愛」については、民主党の単なる旗印に止まらず、政党としての生命そのものを示す思想概念であった。

鳩山代表や菅代表らは結党時、主に「戦後の世代」を結集しようとしていた。だが、この思惑に反して、フタを開けてみると、社会民主党から逃亡してきた国会議員のなかには高齢者も少なからず含まれていた。それどころか、総選挙の結果、旧社会党＝社会民主党出身の国会議員が、過半数を制していた。このため、鳩山由紀夫と菅直人とが、どこまで主導権を握って行けるかは、はなはだ疑問でもあった。

これらの国会議員が結束して行動したり、民主主義のルールに従って多数決をとったりすれば、いつでも鳩山と菅代表の二人から主導権を奪い、代表の座から引きずり降ろせる勢力でもあった。党内クーデターでさえ可能であったのである。

民主党は、旧社会党＝社会民主党が果たせなかった「階級政党」から「国民政党」あるいは「市民政党」への脱皮という宿題を果たすために結党された政党という面を持っていた。良く言えば、旧社会党＝社会民主党というサナギから生まれ出た美しい蝶のような政党でもあった。それゆえに、これらの国会議員が、「いつの日にか、必ず主導権を握る」という野望を抱いたとしても不思議ではなかったのである。

その兆候は平成八（一九九六）年暮れごろから、すでに表れていた。旧社会党＝社会民主党出身の国会議員たちのなかで、抜け駆け的な行動に走る議員が出始め、平成九（一九九七）年度政府予算案の編成作業が進められていた最中、旧社会党＝社会民主党出身の国会議員たちが中心に「民主党整備新幹線建設推進会議議員連盟」を結成し、鉢呂吉雄衆議員議員（北海道8区選出）ら八人が整備新幹線の建設をめぐり、自民党の加藤紘一幹事長（当時）に陳情に押しかけた。ところが、この問題については、民主党としてどういう態度を取るかについて、党議決定していなかったので、「社会党出身者が勝手な行動をしている。スタンドプレーだ」として批判の的にされた。

同時に鳩山由紀夫と菅直人の、代表としての指導力が問われた。しかし、これは、旧社会党＝社会民主党出身の国会議員たちが、うずうずしている様子をよく窺わせる騒ぎでもあった。

以上、見てきたように、民主党は、双頭鷲ならぬ、二つの頭を持った「九官鳥」のような姿をしていた。鳩山由紀夫と菅直人の二人は民主党の広告塔として派手に衆目を集めていた。

●横路孝弘は「実は陰の党首、真の実力者」という評価を受けていた

その陰で、副代表の横路孝弘は、まるで「九官鳥」の入った鳥籠を抱え持つかのように、民主党を高見からも根底からも抱え込んでいた。横路はこのころ、副代表の地位に甘んじては

いたけれど、それはあくまでも仮の姿であった。国会のある永田町周辺では、「実は陰の党首、真の実力者」という評価を受けていた。それには、大きな理由があったのである。

横路は昭和一六（一九四一）年一月三〇日、父・横路節雄（社会党衆議院議員）の長男に生まれ、東京都立九段高校から東大法学部を卒業した。父は、社会党政策審議会会長まで務め、衆議院予算委員会では「爆弾男」として勇名を轟かせた。横路は、司法試験に合格して弁護士をしていた。ところが、父が急逝したことから、昭和四四（一九六九）年一二月二七日の第三二回総選挙で初当選し、弱冠二八歳にして代議士に転身、間もなく「社会党のプリンス」と持て囃されるようになる。

横路は、若手の政策マンを中心とする集団「新しい流れの会」にも参加し、「政権交代可能な政治体制を」という政治目標を掲げて活動していた。この会は、右派だけでなく、左派も含めて社会党に「新しい血」を送り込もうという既成派閥の垣根を越えた新しい試みであった。社会党内には、「マルクス・レーニン主義」を信奉し「共産党よりも左」と言われた「社会主義協会」を名乗る集団が根強い勢力を張っており、横路は、最も対極に位置していた「社会主義協会」と競い合いながら、社会党のなかで着実に地歩を固め、一時は党内最大派閥を形成していた。だが、横路は、衆議院議員五期目の昭和五八（一九八三）年、北海道知事選挙に無所属で出馬した。横路は保守・中道候補、共産党候補と争いながらも、社会党は名乗らず、広く市民層に支持を訴えて、敢えて革新色を出そうとしなかったので、これが功を奏した。若者や無党派層のいわゆる「勝手連」の応援も得たうえに、保守・中道の支持基盤に食い込み、四二歳という若さで知事の座を射止めたのであった。

●民主党は「横路新党」という見方すらできた

北海道知事在任中、社会党委員長の有力候補者とも言われ、中央政界でいわゆる「政界再編」が始まったとき、横路は「横路新党の初代党首」と下馬評を立てられたこともあった。しかし、「横路新党」をなかなか誕生させないまま、三期一二年間知事を務めて平成七（一九九五）年四月、退陣した。

その代わりに平成八（一九九六）年一〇月二〇日の総選挙で北海道１区から立候補して当選し、民主党副代表にも就任して中央政界復帰を果たしたのであった。旧社会党＝社会民主党出身者が最大勢力という紛れもない事実を直視すると、民主党は、往年の社会党の「生まれ変わり」、ズバリ言えば、「横路新党」という見方すらできたのである。これは、まんざら間違ってはいなかった。民主党の結成が、横路の描いたシナリオ通りにつくられたという事実があったからである。横路は、北海道10区の鳩山由紀夫とは、親密な関係にあった。時々会っては、新党づくりについて意見を交わし、合意してからは精力的に準備に取りかかった。

●地域政党初の全国組織である「Jネット」に海江田万里、仙谷由人らも参加

横路は平成七（一九九五）年夏、鳩山由紀夫、市民リーグ代表だった海江田万里らと政治団体「リベラル・フォーラム」を発足させ、平成八（一九九六）年二月、地域政党初の全国組織である「Jネット」（ローカル・ネットワーク・オブ・ジャパン）を立ち上げ、代表委員に就任した。ここには、海江田万里や落選中だった仙谷由人らも参加していた。

「Jネット」は、市民ネットワークをベースにした全く新しいタイプの政治集団だった。従来の政党が、「縦の組織」で編成されてきたのに対して、「Jネット」は「横の組織」という点で新しく、ここに大きな発想の転換が見られた。

価値観が多様化する日本社会において、特定の価値観やイデオロギーで結ばれた政党に、多様な価値観を持った人々を集めることは難しい。国民の多くが既成政党から離れて、無党派として行動している。既成政党である自民党にも、新しい新進党にも、看板を変えた社会民主党にも、はたまた新党さきがけ、共産党にも心を寄せることができない数多くの国民がいる。

だが、これらの無党派層は、政治に無関心というわけでは決してない。逆に関心の高い人々が相当含まれているものと見られている。自民党にも、新進党にも、また社会民主党にも、新党さきがけ、共産党にも心を寄せることができず、やむを得ず無党派となっている人々なのである。

また若い世代のなかには、初等中等教育段階はもとより、高等教育段階においても、政治活

動を制御されたなかで勉学してこざるをえない状況のなかで、政治に無関心ないし、参加の方法を知らない者も少なくない。皮肉な言い方をすれば、自民党の政策が成功しているとも言える。

横路は、早い時期から社会民主党の消滅を予測し、意識の高い人々のパワーを集める「Ｊネット」という「受け皿」をつくり、さらに多くの人々の心を引きつける魅力ある新しい政党づくりを目指した。こうした経緯から民主党の結党に際し、横路は「Ｊネット」を率いて、先陣を切って、馳せ参じたのである。

●横路孝弘が「デモクラッツ」の「組織ネットワーク委員長」として専念

中央政界復帰を賭けた初の総選挙において、横路は、「横の組織」を結集する一方、既成の「縦の組織」である労組を民主党の味方として組み込み、「票」と「資金」の両面で協力の約束を取りつけようとして成功した。「資金」面で心強い味方となったのは、盟友・赤松広隆（民主党幹事）であった。赤松は、超党派の集まりである「デモクラッツ」の主軸として、政界再編の主要メンバーの一人となっていた経緯がある。横路が、「組織ネットワーク委員長」として組織づくりに専念していた間、赤松は財務担当として工作に歩いていた。

横路は当時、東京・一ッ橋の日本教育会館七階に、私設事務所を持っていた。日本教育会館内には、日教組本部があり、教職員の労働運動の牙城として知られ、旧社会党＝社会民主党の有力な支持労組の一つである。いまでこそ、保守勢力や文部省との協調路線に変質しているとはいえ、米ソ対決の東西冷戦時代には、右翼団体の攻撃の対象として、銃弾をぶち込まれたこともある。

このころ、日本教育会館は、横路の「親代わり」であり、実質的な「後援会長」であり、「軍師」でもあった大場昭寿が館長を務めていた。大場は北海道出身で、日教組委員長を務めた労働運動の歴戦の勇士でもあった。横路が最も信頼し、その都度、戦略や作戦を指導を受けてきた経緯がある。

民主党は、衆議院解散の翌日である平成八（一九九六）年九月二八日、日本教育会館一ッ橋ホールで大会を開いている。このことは、民主党が、横路と旧社会党＝社会民主党出身勢力にいかに支えられていたかを示す何よりの証拠であった。

日本教育会館の裏手には、鳩山由紀夫・邦夫兄弟の曾祖母・春子が創立に参加した共立女子大学がある。この大学は当時、鳩山邦夫が理事として経営に参加していた。

●「問題のほとぼりが冷めるまでは、静かにしていた方がいい」

しかし、横路は、鳩山由紀夫と菅直人の袖の陰に隠れて、表向き派手な行動は差し控えていた。それは、一つは、平成八（一九九六）年二月に表沙汰になった北海道庁の二〇億円にのぼる公費不正支出問題が原因になっていた。横路自身が責任を取って、一四〇〇万円を返還していたのである。この公金は、横路副代表が知事在任中に支出されたものだったからである。大場元日教組委員長は、「問題のほとぼりが冷めるまでは、静かにしていた方がいいと判断して、いまはじっとしているように勧めている」と助言していた。

横路の同志の一人であった山花貞夫も、民主党では当初、重要なポジションに就いていなかった。「政官業疑惑解明のための調査プロジェクト・チーム」（北村哲男座長）のメンバーの一人として名前を連ねている程度で静かにしていたのである。

●「社会主義協会派」の残党が紛れ込んできていた

しかし、民主党には、見過ごしてはいられないもっと重大な問題が潜んでいた。それは、前述した旧社会党以来「最左翼」と言われた「社会主義協会派」（略称・協会派）の残党が、民主党内に紛れ込んできていたという問題であった。

日本社会党は、米ソ東西冷戦下の昭和三〇（一九五五）年一〇月一三日、社会党左派と社会党右派が統一大会を開いて結党され、委員長に左派の鈴木茂三郎、書記長に右派の浅沼稲次郎が選ばれた。だが、社会党は、路線の違いから、複数の派閥が存在していた。社会主義協会、政策研究会（勝間田派）、新生研究会、旧三月会、社会主義研究会（社研、旧佐々木派）、政権構想研究会（政構研）である。これらが一丸となって行動できず、政権を取れない重い足枷となり、「万年野党」に甘んじざるを得なかった。

社会主義協会は、マルクスの『資本論』の翻訳者であり、理論家でもあった向坂逸郎九州大学名誉教授を代表とし、昭和二六（一九五一）年に発足した社会党最左翼最大の集団だった。戦前、合法左翼の最左翼だった労農派を前身に、山川均、大内兵衛、向坂逸郎らを中心に組織されたのである。社会主義政党にいて、最もマルキストらしいマルキストが数多くいた。会員は、最盛時には、一万二〇〇〇人を誇っていた。もっとも国会議員は、高沢寅男（元副委員長）、山本政弘（元副委員長）らがいた程度で少数だった。

しかし、この派閥は、「社会党のガン」「社会党の寄生虫」などと党内外から批判を受けながらも、その戦意の高さ、戦闘力の強さから社会党の「足腰」になっていた。社会党内の最も強力な活動家と称される者の多くが協会員だった。この協会がなければ、機関紙「社会新報」も配れないのが実態だったのである。「社会主義協会事務局」は、「東京都千代田区飯田橋一―八―八　ＡＳＫビル四階」を拠点にしていたけれど、民主党結党当時、「現有勢力」については、「企業秘密」として公表を嫌っていた。協会員の多くは、労働組合の各部門ばかりでなく政党にも深く入り込んでいると言われていた。

赤松広隆も山花貞夫と同様に社会主義研究会に入っていた。父・赤松勇（元社会党副委員長）が所属していた因縁からである。だが、赤松勇は、佐々木更三（元委員長）が昭和二二（一九四七）年六月にまとめた「五月会」のメンバーとして参加していたことがある。この会は鈴木茂三郎らをリーダーにして、メンバーには、山本幸一、岡田春夫らが加わっていた。

佐々木は、著書『社会主義的政権』（毎日新聞社刊）のなかで「私たちも単純に社会主義協会を排除しない。私自身協会員です」と打ち明けている。「共産党以上に過激」と言われてきた社会主義協会派は、本質的に「社会民主主義」とは相容れず、いわんや「友愛民主主義」からは、ほど遠いところに位置している。社会民主党内の比較的穏健な「右派」は、旧社会党時代から、「社会主義協会派」にさんざん悩まされてきた経緯がある。

●「社会主義協会派」が民主党内で暗躍し一番の危機に直面すると予測

それだけに「社会主義協会派」が民主党内で暗躍し、次第に実権に接近し始めたとき、民主党は、まず一番の危機に直面すると予測されていた。

旧社会党＝社会民主党出身の国会議員のなかにも、協会員が多数含まれていたばかりでなく、旧社会党＝社会民主職員が、労組を通じて、「インベーダー」「エイリアン」の如く、民主党事務局に潜り込んできていた。社会民主党本部では当時、

「協会派の右派と言われた者たちが、民主党にドッと行っている。経歴などから本籍を調べれば、それがわかるはずだ。以前、社会党の職員であった社会主義協会員が三人、すでに民主党事務局に入って活動し始めている」

と明かしていた。社会民主党の弱体化に絶望し、本来、自分たちが目指していた社会主義政党の理想を実現しようとして新天地を求めるように民主党に飛び込んで行った国会議員につい

て、社会主義協会事務局では、

「確かにそういう人はいる」

と認めていた。協会員としての魂を失っていない「隠れ協会員」が、民主党に入り込んでいるということである。しかも、単に再就職してきたというのに止まらず、事務局の主要ポストや要所要所のポストを押さえ、隠然たる勢力を張っている。旧民社党や同盟系の労働組合などから就職してきた職員を無視し、ほとんど口も聞かないという現象はその後も続き、まさに、民主党事務局は、「協会員の牙城」と化していたのである。

民主党内で最大勢力の旧社会党＝社会民主党出身者が、活発に動くと、「民主党は、社会民主党が化けた政党」というレッテルをマスコミなどから貼られる恐れがあったため静かにしておく必要があった。そんなレッテルを貼られてしまうと、村山富市（前首相）や土井たか子（前衆議院議長）らの、「オールド・ソーシャリスト」たちを「排除の論理」で切り捨ててきた意味がなくなると危惧したのであった。

●共同代表制を廃止し、党代表に菅直人、新設の党幹事長に鳩山由紀夫が就任

そうは言っても、鳩山と菅による「二人代表制度」をいつまでも続けていくのは、不自然に感じられた。平成九（一九九七）年九月一八日、共同代表制を廃止し、党代表に菅直人、新設の党幹事長に鳩山由紀夫が就任した。

しかし、氏素性、育ちも理念も政策の路線も一致しているとは言えない二人が衝突して民主党内が大モメし、その挙句に訣別して、「漁夫の利」を得るのは横路であるというのは、だれの目にも明らかだった。逆に言えば、横路は、鳩山と菅の対立がはっきりしてくるのをじっと待っていればよかった。時機が来たときにおもむろに正体を現わそうとしていたのである。

第3章　主導権争い

●派閥抗争は、「代表選挙」のとき最も激しくなる

「政治家という動物は、棺桶に入り、灰になっても権力欲を燃やし続ける」

こう言われるほど、政治家は実に業の深い種族である。権力欲旺盛な政治家たちは、ポスト争いのなかで生まれる「嫉妬や怨嗟」「怨念と確執」あるいは避けがたい「わだかまり」「しこり」などの渦の中で、死闘を続けている。これらの感情は、政治家が現職として権力を求め続ける限り、永遠に癒されることはない。

民主党は、政権政党でないにもかかわらず、自民党に負けず劣らず、「派閥抗争」を繰り広

げている。抗争が最も激しくなるのは、「代表選挙」のときである。どの派閥の領袖が代表に選ばれるかによって、党役員人事の顔ぶれが決まるので、各派閥とも選挙運動に血道を上げる。勝った派閥は、「いいポスト」を独占し、負けた派閥は、「冷や飯」を食わされるからである。

●「議長」「副議長」ポストの争奪は、壮絶でさえある

次いで、国会内でのポスト争いも激烈である。そのなかでも、国権の最高機関である国会の「議長」「副議長」ポストの争奪は、壮絶でさえある。従来、衆参両院の議長は、与党第一党だった自民党が、副議長は、野党第一党がそれぞれ分け合って就任する慣例であった。だが、いまは、衆議院で大多数を占めている自民党が議長を、野党第一党である民主党が副議長を確保しているのに対して、参議院は、自民・公明与党が過半数を確保していないため、野党第一党の民主党が議長を、与党の自民党が副議長を獲得している。

衆参両院には、複数の常任委員会や特別委員会があり、政党の勢力に応じて、委員長や理事ポストが配分されるので、それらの分捕りあいが繰り広げられるのである。

派閥抗争は、民主党内の「ネクスト内閣」の閣僚ポストでも激しさを増している。それぞれの政策分野における政策のプロと目される政治家が、閣僚ポストに就任でき、政権の座についた暁に、正式の閣僚である国務大臣や副大臣、あるいは政務官に就任できる望みを抱ける。この意味で、「ネクスト内閣」の閣僚ポストは侮れない。それ故に、争奪戦の対象となる。

●鳩山由紀夫と菅直人の二人が、「代表ポスト」をめぐり対立

さて、ここで「八つの緩やかな派閥」が出来上がるまでのプロセスを振り返り、対立構造の実相について、ザッと整理しておこう。

すでに第2章で見てきたように、鳩山由紀夫と菅直人の二人が平成八（一九九六）年九月二八日に民主党を創設した当初、「鳩山由紀夫」「菅直人」「横路孝弘」「前原誠司」「枝野幸男」の五人が後に「派閥の領袖」となる「種」ないし、「核」となるような存在として参加していた。

このなかで、「鳩山由紀夫」「菅直人」の二人が、「代表ポスト」をめぐり対立しはじめ、調整がつかず、「二人代表制」を採用して問題解決を先送りした。

前述したように、そのころ、鳩山由紀夫は周辺の親しい人たちに、

「私は、菅直人を信用していない」

と打ち明けていた。その理由は、明かさなかったので、推測するしかなかった。だが、鳩山と菅がいずれも「代表」を名乗る「二人代表」によってスタートした民主党内に、不協和音があるのを感じさせた。一般の株式会社で、「代表権」を持った役員が複数いるところは珍しくない。けれども、レッキとした政党に「代表」が二人いるというのはいささか腑に落ちなかった。おそらくは、民主党の結党のいわば創業者として、鳩山由紀夫も菅直人も「代表」になりたくて調整がつかず、やむを得ず「二人代表」にしたのではないかと周辺の親しい人たちは受

け止めていた。その後、菅直人が代表、鳩山由紀夫が幹事長にそれぞれ役割分担した。それでも二人のしこりは、氷解しなかったようであった。

●羽田孜元首相らが「非自民」の太陽党を結成していた

新進党に所属していた羽田孜元首相ら衆参両院議員一三人が平成八（一九九六）年一二月二六日、小沢一郎党首との党運営における確執から離党し、「非自民」の太陽党を結成していた。衆参両院議員一三人とは、次のような国会議員であった。

◆衆議院議員＝羽田孜⑩長野３区▽奥田敬和⑩石川１区▽畑英次郎⑦大分３区▽熊谷弘⑤静岡９区▽前田武志④奈良４区▽粟屋敏信④広島２区▽吉田公一②東京９区▽小坂憲次③長野１区▽堀込征雄③比・北陸信越▽岩國哲人①東京６区＝一〇人

◇参議院議員＝北澤俊美①長野選挙区▽釘宮磐①大分選挙区▽小山峰男①長野選挙区＝三人。

太陽党常任幹事会・執行部役員は、以下の通りだった。

□常任幹事会＝党首・羽田孜▽常任幹事会幹事長・畑英次郎▽総務会長・前田武志▽政務調査会長・粟屋敏信▽国会対策委員長・吉田公一▽参議院議員会長・北澤俊美▽最高顧問・奥田敬和▽幹事長代理・小坂憲次▽総務会長代理・堀込征雄▽政務調査会長代理・岩國哲人。

ところが、新進党が平成九（一九九七）年一二月二七日、解党し、六党（自由党、新党平和、黎明クラブ、国民の声、新党友愛、改革クラブ）に分裂してしまった。

この影響を受けて、民主党と太陽党は、にわかに保守系小政党との「受け皿」政党の役目を担い始めたのである。民主党、新党友愛、国民の声、太陽党、フロム・ファイブ、民主改革連合は平成一〇（一九九八）年一月八日、院内会派「民主友愛太陽国民連合」（民友連）結成した。

●太陽党、国民の声、フロム・ファイブが、後継政党「民政党」をつくり再出発した

太陽党は平成一〇（一九九八）年一月二三日、「新党結成」を理由に解散、太陽党、国民の声、フロム・ファイブが、後継政党「民政党」をつくり、再出発した。民政党所属の国会議員は、次の通りであった。

〔太陽党出身〕◆衆議院議員＝羽田孜▽畑英次郎▽前田武志▽粟屋敏信▽吉田公一▽奥田敬和▽小坂憲次▽堀込征雄▽岩國哲人▽熊谷弘

◇参議院議員＝北澤俊美▽釘宮磐▽小山峰男

〔国民の声出身〕◆衆議院議員＝鹿野道彦▽石井一▽古賀一成▽愛野興一郎▽左藤恵▽佐藤敬夫▽永井英慈▽藤村修▽松沢成文▽山本孝史▽北脇保之▽中川正春▽原口一博▽松崎公昭

◇参議院議員＝広中和歌子▽小林元▽和田洋子

〔フロム・ファイブ出身〕◆衆議院議員＝細川護煕▽樽床伸二▽上田清司

◇参議院議員＝円より子、江本孟

〔無所属クラブ出身〕◆衆議院議員＝伊藤達也
民政党の常任幹事会・執行部役員は、次の通りであった。
代表・羽田孜▽副代表・石井一、広中和歌子▽幹事長・鹿野道彦▽幹事長代理・畑英次郎▽政策調査会長・岡田克也▽国会対策委員長・佐藤敬夫▽最高顧問・奥田敬和、左藤恵。
次いで、同年三月一二日、民政党・新党友愛・民主改革連合らと合流し、新党を結成することで合意し、手続き上は、「民主党以外の参加政党を解散し、民主党を存続政党」とし、新党の名前を「民主党」とすることにした。この一連の動きは、細川護煕が「政権戦略会議議長」として主導した。

●新・民主党結成が正式に決まり、初代代表に菅直人が選ばれる

これを受けて、平成一〇（一九九八）年四月一三日、まず院内会派として「民主党」を届出し、同月二六日、旧民主党が臨時党大会を開いて、新党結成を承認した。統一大会が二七日、東京都千代田区紀尾井町の赤坂プリンスホテルで開かれ、新・民主党結成が正式に決まり、初代代表に菅直人が選ばれた。

新しい民主党に参加した国会議員は、総勢一三一人（うち衆議院議員九三人、参議院議員三八人）、具体的には次の通りだった（〔　〕内は旧党名）。

〔民主党〕（六九人）

◆衆議院議員＝安住淳▽赤松広隆▽伊藤忠治▽家西悟▽池田元久▽池端清一▽石井紘基▽石毛鍈子▽石橋大吉▽岩田順介▽生方幸夫▽枝野幸男▽小沢鋭仁▽大畠章宏▽海江田万里▽金田誠一▽川内博史▽菅直人▽北村哲男▽桑原豊▽玄葉光一郎▽小平忠正▽小林守▽五島正規▽近藤昭一▽佐々木秀典▽佐藤謙一郎▽坂上富男▽末松義規▽仙谷由人▽田中甲▽辻一彦▽中桐伸五▽中沢健次▽葉山峻▽鉢呂吉雄▽鳩山邦夫▽鳩山由紀夫▽日野市朗▽肥田美代子▽平野博文▽藤田幸久▽古川元久▽細川律夫▽前原誠司▽松本惟子▽松本龍▽山花貞夫▽山元勉▽山本譲司▽横路孝弘▽渡辺周＝五二人

◇参議院議員＝朝日俊弘▽伊藤基隆▽一井淳治▽今井澄▽小川勝也▽岡崎トミ子▽萱野茂▽川橋幸子▽斎藤勁▽菅野久光▽竹村泰子▽千葉景子▽角田義一▽中尾則幸▽前川忠夫▽峰崎直樹▽藁科満治＝一七人

〔民政党〕（三四人）

◆衆議院議員＝石井一▽岩國哲人▽上田清司▽岡田克也▽奥田敬和▽鹿野道彦▽北脇保之▽熊谷弘▽木幡弘道▽古賀一成▽佐藤敬夫▽樽床伸二▽中川正春▽永井英慈▽羽田孜▽畑英次郎▽原口一博▽藤村修▽細川護熙▽堀込征雄▽前田武志▽松崎公昭▽松沢成文▽山本孝史▽吉田公一＝二五人

◇参議院議員＝江本孟紀▽北沢俊美▽釘宮磐▽小林元▽小山峰男▽寺沢芳男▽広中和歌子▽円より子▽和田洋子＝九人

〔新党友愛〕（二三人）
◆衆議院議員＝伊藤英成▽織田節哉▽川端達夫▽神田厚▽今田保典▽島聡▽島津尚純▽城島正光▽田中慶秋▽高木義明▽玉置一弥▽中野寛成▽福岡宗也▽吉田治＝一四人
◇参議院議員＝足立良平▽石田美栄▽今泉昭▽勝木健司▽寺崎昭久▽直嶋正行▽長谷川清▽平田健二▽吉田之久＝九人
〔民主改革連盟〕（五人）
◆衆議院議員＝北橋健治▽土肥隆一＝二人
◇参議院議員＝久保亘▽笹野貞子▽本岡昭次＝三人

●第一八回参議院議員通常選挙で民主党は二七議席を獲得、菅直人が代表に再選

平成一〇（一九九八）年七月一二日、第一八回参議院議員通常選挙が行われ、民主党は改選数一二六のうち、二七議席を獲得した。

民主党は平成一一（一九九九）年一月一八月、代表選挙を行い、菅直人が一八〇票（再選）、松沢成文が五一票を取り、菅が代表に再選された。

●鳩山由紀夫が代表に選出される

民主党の新しい代表を選ぶ大会が平成一一（一九九九）年九月二五日、東京都内で開かれ、

第一回投票は、鳩山由紀夫一五四票、菅直人一〇九票、横路孝弘五七票で決選投票に持ち込まれ、鳩山由紀夫一八二票、菅直人一三〇票という結果、鳩山由紀夫が代表に選出された。

大会では、新代表に、いわゆるシャドー・キャビネット的な新しい機関を設置する権限等を付与する規約改正案も提案され決定された。また、一〇月一七日に投票がおこなわれる参議院長野補欠選挙の候補者として、新人の羽田雄一郎を擁立することを決定して発表した。

小渕政権下、平成一二（二〇〇〇）年二月二日、衆議院比例代表定数を五〇〇から四八〇へと二〇削減する改正公職選挙法が参院で可決成立、二月九日公布された。小渕恵三首相が、二〇〇〇年四月一日、自由党の小沢一郎代表との協議で決裂、自民党、公明党が自由党との連立解消を決めた直後の二日、脳梗塞で緊急入院（五月一四日死去）したため、青木幹雄官房長官が、首相臨時代理に就任、四月四日、小渕政権は総辞職し、五日、国会で森喜朗が首班指名され、自民・公明・保守三党連立政権が発足した。保守党は、連立解消をめぐって分裂した自由党のなかの連立留任派が結党し、扇千景が代表に就任していた。

●第四二回衆議院議員総選挙で善戦、鳩山由紀夫が代表に再選される

平成一二（二〇〇〇）年六月二五日、第四二回衆議院議員総選挙（定数四八〇＝小選挙区三〇〇、比例区一八〇）が行われた。民主党は、単独政権の座を獲得するのに必要な過半数二四一の議席確保を目指して戦った。

この結果、政権奪取を掲げた民主党は、小選挙区でも躍進し、勢力を大きく伸ばした。民主党は一二七（小選挙区八〇、比例代表四七）議席を獲得した。過半数に一一四議席不足だった。前回総選挙では、過半数には一九九議席も不足していたことを思えば、定数が二〇削減されていたことを割り引いても、かなりの善戦で、「政権」に向けて一歩前進していた。

自民党は選挙前より過去最大の議席減となり、半数割れという不振だったため、首相の政権運営は厳しくなりそうだった。公明、保守両党も大きく減った。自民、公明、保守の与党三党は、合計で選挙前勢力から大きく後退したのである。

しかし、衆院の全常任委員会で委員長を占め、過半数も取れる絶対安定多数（二六九議席）を確保し、連立を維持するため、二六日午後、与党三党の党首会談を開き、森喜朗首相の続投を決めた。

共産党は勢力が維持できず低迷、自由党・社民党は議席を増やした。小選挙区の投票数は自治省調べで六二・四九％。投票時間が二時間長くなったこともあり、低調だった一九九六年一〇月の前回総選挙の五九・六五％を上回った。

民主党は平成一二（二〇〇〇）年八月二一日、代表選挙を行った。九月九日の民主党代表選出大会（東京都内のホテルで開催）で、鳩山由紀夫が正式に代表に再選された。これを受け、鳩山代表は約一時間にわたる所信表明演説を行い、「自立」と「責任」と「共生」のニュー・

リベラルを旗印に、民主党政権実現へ先頭に立って前進する意欲を力強く語りかけた。

●第一九回参議院通常選挙では、二六議席を獲得したに過ぎなかった

小泉政権発足後初の国政選挙となった第一九回参議院通常選挙は、平成一三（二〇〇一）年七月二九日、改選数一二一で行われた。投票率は前回を下回り、約五六％止まりだった。野党第一党の民主党は改選数一二一のうち、改選議席を上回ったものの、二六議席を獲得したに過ぎなかった。

この選挙は「小泉改革」の是非が最大の争点となり、自民党は小泉人気に乗って改選議席の過半数を超え、大勝した。九〇年代以降の低落傾向に歯止めをかけた。与党三党は非改選もあわせた全議席の過半数を維持した。小泉純一郎首相は九月の党総裁選で再選され、構造改革の具体化を進める。「抵抗勢力」の出方次第では緊迫した場面を迎えることも予想された。

●決選投票の結果、鳩山由紀夫が三選された

鳩山由紀夫代表の任期満了に伴い、平成一四（二〇〇二）年九月九日に民主党代表選挙が告示され、横路孝弘・菅直人・鳩山由紀夫・野田佳彦各衆議院議員が立候補の届出を行った。

同月二三日の代表選挙では、第一回投票の結果、鳩山由紀夫二九四票、菅直人二二一票、野田佳彦一八二票、横路孝弘一一九票を獲得し、決選投票に持ち込まれた結果、鳩山由紀夫が二

五四票、菅直人が二四二票を取り、鳩山が三選された。

●小沢自由党との合併構想を進めた鳩山由紀夫が代表辞任

鳩山由紀夫代表は平成一四（二〇〇二）年末、野党勢力結成のため小沢一郎率いる自由党との合併構想を進めた。しかし、新進党分党に中心的役割を果たした小沢に対する党内のアレルギー・嫌悪感が相当あったことから、党内世論の反対により一度潰えた。

民主党は平成一四（二〇〇二）年一二月三日午後五時から本部で両院議員総会を開き、鳩山由紀夫代表が一二月一三日をもって代表を辞任することを了承した。また、常任幹事会に野党結集準備委員会（仮称）を設置すること、自由党との連携を一層強化することが、中野寛成幹事長から提案され、これも了承された。鳩山代表は、

「（代表職の辞任は）心眼を開き、一人での結論。国難であるこの時期、野党第一党の責任を痛感する。補欠選挙で十分な成果を挙げられなかったことを、お詫び申し上げる」

と挨拶した。また、

「小異を残し大同団結する。野党結党の結集で国難を救う道を民主党が歩むことを期待したい」

さらに、

「民主党復活ののろしをふるさとから挙げていただきたく思う」

と各議員の奮起を促した。民主党は新代表の選出について、同月一〇日に立候補の受付、同日の両院議員総会での党所属国会議員の投票で行うと決めた。

●菅直人が代表に三選、民主・自由両党合併に合意

民主党は一二月一〇日に代表選挙を行い、菅直人が一〇四票、岡田克也が七九票を獲得し、菅が三選された。

しかし、解散・総選挙が近づくなか、総選挙勝利へ向けた両党の連携・協力のあり方について協議。民主・自由両党が九月末までに合併することで合意した。

両党首の合意を受け、民主党は平成一五（二〇〇三）年八月二四日午後、国会内で両院議員総会を開き、同日午前中の臨時常任幹事会で了承された自由党との合併に関する両党党首の合意文書を全会一致で了承した。

菅代表は提案にあたり、合意文書の全文を読み上げたうえで、

「民主党の全議員・全党員が一緒になって行動できることが何よりも必要と考え、できるだけ多くの皆さんの意見を聞きながら進めてきたつもりだが、すべての皆さんと事前にお話をできなかったことはお詫びしたい。しかし、次期総選挙に対して、こういった形で私たち民主党が自由党の皆さんと一緒になり、あるいは将来、さらに我々の仲間に加わる人たちと一緒になって、まさに沈みゆく日本を救うための政権交代に賭けていきたい。そのためにこうした形をと

ることを、正式にこの場で提案させていただく。ご理解と一致した支援をお願いしたい」と訴えた。

第一回目の合併準備委員会は三一日に開かれた。

【民主、自由両党の合併に関する合意書】

日本は経済、政治、社会のあらゆる分野で弱体化し、進むべき方向性を見失っている。その最大の原因は、政治が真の意味での指導性を発揮していないことにある。今日の自民・公明連立の小泉政権に真の指導性を期待することができないことは、この二年間の小泉政治を見れば誰の目にも明らかである。日本再生のためには、自民党内の総理交代ではなく、政権与党と総理を替える本格的政権交代が何よりも急務である。

平成五（一九九三）年の細川政治改革政権により、政権交代可能な小選挙区中心の選挙制度が導入されたが、その後の二度の総選挙では野党間の選挙協力体制が構築できず、政権交代は実現していない。「仏作って魂入れず」の状態にある。よって両党は「小異を残して大同につく」覚悟で、左記のように合併することで合意した。

記

1、民主、自由両党は今年九月末日までに合併する。

2、両党合併に伴う存続政党は民主党とし、現在の自由党は合併と同時に解散する。
3、合併後の新政党の代表は民主党の菅直人代表とし、新政党の運営は現在の民主党執行部によって行う。
4、合併後の新政党の規約、政策、マニフェスト等は、現在の民主党のものを継承する。
5、総選挙の候補者調整及び擁立は、九月の両党合併までに完了させる。
なおその際、小選挙区の候補者調整については、前回小選挙区で当選した者及び比例区との重複立候補で当選した者のうち、惜敗率の高い者を優先することを原則とする。
6、両党の合併を円滑に実現するために、両党は速やかに両党幹事長を責任者とする「合併準備委員会」を設置し、合併準備を進める。

平成一五年七月二三日
民主党代表　菅直人
自由党党首　小沢一郎

これを踏まえて、民主、自由両党は、その後の段取りを決めた。それは、次のようだった。
①平成一五（二〇〇三）年九月二四日、菅直人代表と小沢一郎党首が政党助成法に基づく合併協議書の調印式を行い、総務省に合併を届け出る。
②一一月に想定される次期衆院選の「総決起大会」と位置付ける「合併大会」は一〇月五日

に都内のホテルで開催する。

しかし、衆院選の一部候補者調整をめぐり両党の対立が解けず、二三日夜になっても最終的な合併手順を発表できない事態になった。新・民主党発足に水を差された形となった。

難航の原因は、総選挙に向けての候補者の調整に手間取ったことにあった。両党の候補者が競合する選挙区のうち、前回衆院選比例代表で復活当選した議員同士が競合する神奈川7区の協議が難航したのである。自由党内には、

「候補者調整をあいまいにしたまま会併の調印をしてもいいのか」

との声があり、二三日も横浜市内で自由党の藤井裕久幹事長ら両党幹部を交えた会合を開いたが、調整は同夜まで続いた。しかし、調印式に先立ち開かれた合併準備委員会で、両党は衆院選小選挙区で最後まで残っていた四選挙区の候補者を決定した。比例代表で復活当選した議員同士が競合した神奈川7区は、民主党の首藤信彦氏が候補者となり、自由党の樋高剛氏は同18区に回るが比例代表関東ブロック名簿上位に。このほか茨城6区と埼玉15区は自由党候補の擁立が決まった。

●菅直人と小沢一郎が合併協議に署名

民主党の菅直人代表と自由党の小沢一郎党首は平成一五（二〇〇三）年九月二四日午後、都内のホテルで合併調印式を開き、政党助成法に基づく合併協議に署名した。

総務省への届出は、臨時国会召集日の二六日とし、衆参両院で計二〇四人の国会議員（衆院一三七人）が所属する新・民主党が事実上発足した。合併により自由党は解散し、菅直人代表ら民主党執行部体制を継続することに決め、民主党は二大政党制の確立に向け、一一月に想定される次期衆院選で自公保政権と対決、政権交代を目指すことで一致した。有権者にとっては「政権選択」が大きな争点となったのである。菅直人は、調印式後の記者会見で、

「政権交代可能な政党をつくることが必要だ。（両党の合併の結果）二大政党で選挙前にあらかじめ首相候補、政権公約などが競い合えることが大きな意義だ」

と強調した。小沢一郎は、

「戦後政治の中で、初めて自民党に代わって政権を担当しうる野党が誕生した。このことを国民に理解してもらい、国民の期待に応える政党にならないといけない」

とアピールした。

「新党結成」は、平成一四（二〇〇二）年一一月に旧保守党と民主党の一部議員で結成された保守新党以来。平成一〇（一九九八）年一月に結成された自由党は五年九か月の政党活動にピリオドを打った。

●自由党から衆議院議員二二人、参議院議員八人の計三〇人が参加

自由党から民主党に参加した、国会議員は、以下のように衆議院議員二二人、参議院議員八

人の計三〇人だった（丸つき数字は当選回数、衆は衆議院議員、参は参議院議員）。

◆衆議院議員＝東祥三④▽工藤堅太郎②▽武山百合子③▽中塚一宏①▽山岡賢次②参②▽山田正彦②▽石原健太郎③参②▽佐藤公治①▽達増拓也②▽西村眞悟③▽一川保夫②▽塩田晋⑤▽土田龍司②▽樋高剛①▽小沢一郎⑪▽鈴木淑夫②▽都築譲①参①▽藤井裕久④参②▽黄川田徹①▽高橋嘉信①▽中井洽⑧▽藤島正之①＝二二人。

◇参議院議員＝大江康弘①▽平野達男①▽田村秀昭③▽広野ただし①衆①▽西岡武夫①衆⑪▽森裕子①▽平野貞夫②▽渡辺秀央①衆⑥＝八人。

民主党は平成一五（二〇〇三）年一〇月五日午後、都内のホテルで、旧自由党との合併大会を開き、約一八〇〇人が出席。所属国会議員（衆院一三七人、参院六七人、計二〇四人）のほか、次期衆院選に出馬する新人、元職も顔をそろえた。民主党と旧自由党との合併は九月二六日に届出が済んでいたので、この日は衆院解散・総選挙に向けた総決起大会として行われ、政権担当能力を持つ「大野党の出現」をアピールするものとなった。菅直人代表は、

「新たに加わった候補者とともに必ずや政権交代を成し遂げていく」

と、次期衆院選での政権奪取に不退転の決意を表明した。

●マニフェストを発表

続いて、先に発表していたマニフェストを発表。そのなかで、とくに重視する「ひも付き補

助金廃止」などの重点公約七項目を「脱官僚宣言――五つの約束　二つの提言」として提示した。「五つの約束」では補助金廃止のほか、政治資金の全面廃止のほか政治資金の全面公開、道路公団廃止と高速道路無料化などを、「二つの提言」では、基礎年金の財源に消費税を充てることや、小学校の三〇人学級実現や週五日制見直しを挙げた。

消費税の年金財源化は、事実上、将来の税率引き上げを意味する。

小沢一郎は、あいさつのなかで、

「日本を立て直すには自民党政権を倒して本当の改革政権を倒して本当の改革を断行する以外にない」

と強調した。

民主党は合併大会に先立ち新人候補の研究会や、菅や小沢と新人候補の選挙ポスター用の写真撮影も行い、一一月選挙に向け臨戦態勢を整えていた。大会終了後の記者会見で、菅直人は、

「公示までに（公認、推薦合わせ）三〇〇人にしていきたい」

とした。

●第四三回衆議院議員総選挙で大きく躍進、比例区では第一党となる

平成一五（二〇〇三）年一一月九日、第四三回衆議院議員総選挙が行われ、全国三〇〇の小選挙区と一一ブロックの比例区（総定数）で投票、即日開票された。

民主党は定数四八〇のうち、選挙前の一三七から一七七議席へと大きく躍進、比例区では第一党となった。

自民、公明、保守新の与党三党は絶対安定数の二六九議席を確保、小泉政権は継続する。だが、自民党は前回総選挙の二三三を上回る二三七議席を獲得したが、目標の単独過半数には届かなかった。

小泉首相が二年半の構造改革路線の実績を訴えた「政権選択選挙」で有権者の支持を万全に得られなかったことは、今後の政権運営や政策遂行に不安を残した。民主党は、政権交代は果たせなかったが、翌年夏の参院選や次の総選挙への足がかりを築き、両党が政権を競う「二大政党」の様相が深まった。小選挙区の投票率は都道府県選管発表の集計で五九・八六%。二〇〇〇年六月の前回選挙の六二・四九%を下回った。

●岡田克也が無投票で代表に選出される

菅直人代表が平成一六（二〇〇四）年五月一〇日に辞意表明したことを受け、一八日午前八時から一一時半まで代表選挙の立候補受付が行われ、岡田幹事長が、二〇人の推薦人を揃えて立候補を届け出た。

そして、民主党の新代表に岡田克也幹事長が無投票で選出され、同日夕方党本部で開かれた両院議員総会で承認された。

岡田克也は菅直人が平成一六（二〇〇四）年に発生した年金未納問題に責任を取る形で代表を辞任し、更には後継の党代表にほぼ内定していた小沢一郎も同様に国民年金未払問題により辞退し、急に代表に就任したため、その行く末を危ぶむ声も多かった。だが、岡田新代表は両院議員総会での就任あいさつで、まず、

「菅・岡田コンビとして、菅前代表の大きな度量と皆さんに支えていただきながら何とか務めてこられた。幸せな一年五か月間であったことに感謝申し上げたい」

と礼を述べたあと、

「四か月の短い期間ではあるが、参院選を含め極めて大事な役回りである。未熟だが、一日一日しっかりと頑張る」

と決意表明した。また、

「政権交代を実現し、民主党中心の政権をつくって、日本を立て直す、国民の手に政治を取り戻すことが我々の共通の目的であることをしっかり確認しよう。民主党の今のピンチを大きなチャンスに変えよう」

と力説した。さらに、

「小泉自民党政権は詭弁を弄し、説明責任を回避し、パフォーマンス政治に陥っている」

と厳しく批判し、年金問題について、

「政府案は数字合わせで改革の名に値しない。今国会で廃案に追い込む」ことを明らかにし、

最後に、

「昨年総選挙で二二〇〇万をいただき比例第一党になった勢いを参院選でさらに大きくし、次の総選挙で衆参ともに与野党逆転し、政権を変えるという大きな目標に向かって頑張っていこう」

と訴え、満場の拍手を浴びた。菅直人は一年五か月の代表就任期間を振り返り、

「仲間の皆さんに支えていただき、この党を大きくする一つの段階を踏むことができたことをありがたく、うれしく思う」

と述べるとともに、岡田新代表については、

「党のなかでこれまでもしっかりとした仕事をしていただいた。特に私にとっては陰日向なく支えていただいた、ある意味での恩人だ」

と語った。そのうえで菅直人は、

「苦しい局面ではあるが、ローマは一日にしてならず。民主党がこの厳しさを乗り越えて、政権を担いうる政党になる大きな第一歩が岡田新代表の選出だ」

と述べ、気持ちを一にして新代表を支えていこうと全議員に訴えた。

●仙谷由人が政調会長に、枝野幸男が党憲法調査会長に就任する

同月二〇日の両院議員総会では、藤井裕久幹事長以下の役員等が承認された。

仙谷由人は、岡田克也新代表選出に伴い、政調会長に就任した。同時に民主党次の内閣の官房長官に就任した。枝野幸男も代表が菅直人から岡田克也に代わり、党憲法調査会長に就任している。

民主党は平成一六（二〇〇四）年七月一一日の参議院通常選挙では、自民党を一議席上回る五〇議席を獲得した。

しかし、万事順調だったわけではない。岡田克也は平成一七（二〇〇五）年一月一九日、民主党の元衆議院議員である都築譲を私設秘書として採用した。都築譲は彼の秘書たちが公職選挙法違反で有罪となったことから議員を辞職したばかりであるため、民主党のイメージが低下した。

●第二〇回参議院議員通常選挙で、自民党を抑え五〇議席を獲得

平成一六（二〇〇四）年七月一一日の第二〇回参議院議員通常選挙では、平成一五（二〇〇三）年一一月の第四三回衆議院議員総選挙に引き続き比例区の得票で自民党（一議席減の四九議席で不振）を抑え、選挙区を含め五〇議席を獲得した。非改選議員を合わせた勢力は、自民一一五、民主八二、公明二四、共産九、社民五、無所属七となった。

民主党は平成一六（二〇〇四）年八月三〇日代表選挙を告示した。だが、岡田克也代表以外に立候補はなく、無投票での再選が決まった。

●岡田克也が引き続き代表に選出される

民主党の代表を選出する臨時党大会は平成一六（二〇〇四）年九月一三日、東京都内で開かれ、岡田克也が引き続き代表に選出された。大会では、政権奪取に向け、党の体制を強化する観点から、政権戦略委員会や常任幹事会議長の設置を含む党規約の改正を行うとともに、岡田新代表を先頭とした新たな役員体制を確立した。

大会本会議は笠浩史、藤田一枝のフレッシュな両衆議院議員が議長を務め、まず細川律夫・大会実行委員長が「政権交代に王手をかける大政治決戦の勝利に向けた力強い大会に」と挨拶。続いて藤井裕久幹事長が党規約改正案を提案した。

改正案は、（1）政権戦略委員会の設置（2）常任幹事会議長の新設（3）両院議員総会の招集案件緩和（4）ブロック協議会の必置化（5）政治スクールの設置の五つを骨子としたもの。提案を受けて若干の質疑が行われ、満場の拍手で承認された。

次に、七月の参議院選挙で当選した新人議員三二人（推薦、支援を含む）が紹介され、代表して大分県選出の足立信也議員が「新人議員の頑張りが政権交代実現への試金石だと思って奮闘する」と力強く決意表明。熱い声援を受けた。

続いて、中央代表選挙管理委員会の細川委員長が代表選挙の経過を報告し、代表選挙規則に則って、唯一の立候補者である岡田氏の代表選出を提案、満場の拍手で承諾された。就任演説に立った岡田新代表は、こう力強く呼びかけた。

「二年間で民主党を日本の政治を担う国民政党に育て上げ、次の総選挙で政権交代を実現することが私の唯一最大の使命」とし、そのために実行すべき課題として、国民から信頼される政党への自己改革、総選挙に勝利する態勢づくりを提起。その上で、「政権交代と国民の立場に立った政治の実現という目標を全員が共有し、いまこそ心を一つにすべきときである」

岡田克也は代表就任以降、政権準備党を名乗るなどして、常々衆議院選挙での政権交代をアピールした。

●「九・一一」総選挙で、初めて議席を大幅に減らし、岡田克也代表が辞任

平成一七（二〇〇五）年八月八日、郵政民営化問題を契機とする衆議院解散（郵政解散）を受け、自民党が分裂選挙となったことから、当初は「民主党有利」とされていた。

枝野幸男はこの総選挙では、同年八月二六日メディア対策強化の一環として政権戦略・報道担当の幹事長代理に起用された。

平成一七（二〇〇五）年九月一一日、第四四回総選挙が行われ、全国三〇〇の小選挙区と一一ブロックの比例区（総定数一八〇）で投票、即日開票された。小選挙区の投票率は、六七・五％程度で、前回より七ポイント以上増えた。結果は自民二九六、民主一一三、公明三一、共産九、社民七、国民新党四、新党日本一、新党大地一、無所属一八（うち郵政反対は一三）

だった。

自民が圧勝したものの、得票率は過半数に届かず、小選挙区制の歪みが顕在化した。とはいえ、自民党は公示前勢力を大幅に上回る二九六議席を獲得し、中曽根内閣だった八六年衆参同日選挙での三〇〇議席に次ぐ地滑り的勝利となった。自民党が衆院で単独過半数（二四一議席）を回復したのは一五年ぶり。公明党と合わせて定数の三分の二を超える三二七議席を占めた小泉首相は自公連立政権を維持し、政権運営で自民党主導権を強めることが予想された。

小泉首相は、同月下旬召集の特別国会に改めて郵便民営化法案を提出し、この圧勝を受けて成立させ、与党内では首相の自民党総裁任期の延長論が広がった。民主党は惨敗した責任を取り、岡田代表は辞任を表明、九月一二日、正式に辞任した。

●前原誠司が代表に選出される

民主党代表選挙が平成一七（二〇〇五）年九月一七日、両院議員総会という国会議員のみで行われ、前原誠司（ネクスト内閣の防衛庁長官）が代表選挙で、こう演説した。

「中二のとき、父が亡くなり、母子家庭となった。母は、仕事にでかけ子どもたちを一生懸命育ててくれた。私は、奨学金を得て高校、大学を卒業できた」

このエピソードは、アメリカのクリントン前大統領の境遇に似ている。クリントンも子どものころ、実父を交通事故で失い、再婚した母と義父から深い愛情を注がれて育てられたという。

ケネディ大統領に直に会ったのがキッカケで政治家を志し、アーカンソー州知事から、大統領に就任している。

菅直人は、前年七月の参議院議員選挙の際、年金未納問題で味噌を付けて失脚、頭を丸めて四国にわたり、お遍路さん姿で修業の旅に出たものの、「権力欲」を捨て切れず、却って権力への情念が燃え上がり、成仏できないことを悟り、代表選挙に出馬した。しかし、前原は、元代表の菅直人を九六票対九四票の二票差で破って選出された。前原は、「安全保障政策のプロ」であり、党内切っての「タカ派」で知られており、「挙党体制、適材適所で戦う民主党をつくる」と意欲満々で、早くも「戦闘モード」であった

だが、立候補する直前、松下政経塾以来の盟友・野田佳彦から、

「小沢先生と手を切れるか」

と聞かれ、

「切れる」

と答えたといい、この点は、大変気がかりなところであった。

小沢一郎は当時、副代表だった。代表選挙立候補を期待していた多くの「小沢一郎総理大臣待望論者」は、失望していた。

小沢一郎は、総選挙では、「一新会」のメンバーである衆院議員五三人が、二七人にまで減ってしまい、ガックリきていた。菅が代表に返り咲けば、菅の欲求不満も解消するのではな

いかと見て、ここは暫く鳴りを潜《ひそ》めて再起を図ろうとして、代表選挙への出馬を断念したと思われた。平成一九（二〇〇七）年七月には、参議院議員選挙が行われるので、そのときこそ出番と考えて、翌年秋の代表選挙に勝負をかけているようだった。

●民主党のイメージが一気に「陰性から陽性」に変わった

民主党の新執行部が九月一八日決まった。前原誠司代表、鳩山由紀夫幹事長、松本剛明政調会長、野田佳彦国対委員長という清新で強力な布陣であった。負けた菅副代表は、その後、党国会対策委員長就任を要請されるがこれを固辞した。

「永田町の郷ひろみ」と言われる前原代表の就任で、民主党のイメージが一気に「陰性から陽性」に変わった。しかも、「友愛主義者」で知られる鳩山由紀夫元代表が、幹事長という要職に座り、一段と明るさが増した。松本剛明政調会長は、前原代表と同じく、「防衛族」と言われ、民主党の背骨が幾分右寄りに強化されていた。野田国対委員長は、どう見ても自民党議員と見紛がう容貌で、「保守・民主党色」が濃厚であった。

しかし、民主党内には、「小沢アレルギー」が漂っていた。とくに若手は、「世代交代」を求めて野田衆院議員や前原衆院議員に期待していた。ここに「党内亀裂の火種」があり、民主党の最大の弱点となっていた。

●永田寿康の「送金メール」事件で、「倒産の危機」に追い込まれる

民主党は平成一八（二〇〇六）年二月一六日、永田寿康（当時衆議院議員、衆議院が四月四日、辞職許可）が引き起こした「送金メール」の「信憑性」を証明できず、自民、公明両党から厳しく責任を追及されて、国会を混乱の渦に陥れてしまっていた。国民からの信頼を急速に失い、企業で言うなら、文字通り「倒産の危機」に追い込まれていた。

前原執行部の野田佳彦が、衆議院国会対策委員長を引責辞任した後、渡部恒三は三月三日、鳩山幹事長の強い要請を受けて、国会対策委員長を引き受けていた。衆議院副議長を経験した超ベテラン議員でありながら、「民主党の命運」を賭けて「格下」の「国対委員長就任」に応じたのである。

渡部が「平成の黄門さま」を名乗り、葵の紋所の入った印籠をかざしたところ、民主党を覆っていた憂鬱な空気と、民主党は人材不足、頼りにならずの世論は一気に吹き飛んだ。渡部は中央政界の政局から日本全体の雰囲気までガラリと一変させた。サムライの志を持った一人の政治家の、人々を真綿のように包み込む不思議な人間力と会津弁丸出しの喋り口が、この党を救ったのである。

●渡部恒三は「竹下派七奉行」の一人だった

竹下登が結成した経世会（竹下派）のなかで、竹下の後継者として目された小渕恵三、橋

本龍太郎、梶山静六、小沢一郎、羽田孜、渡部恒三、奥田敬和の七人の有力政治家は、「竹下派七奉行」と呼ばれた。七奉行のうち、羽田、小沢、梶山の三人は、金丸信から「平時の羽田、乱世の小沢、大乱世の梶山」と評価されていた。「奥田、小沢、梶山、橋本」は強行型、「小渕、羽田、渡部」は調整型のリーダーと言われる。このうち、「小渕・橋本・梶山」は、竹下系、「小沢・羽田・渡部・奥田」は金丸系で、激しい対立が始まることになる。このころの抗争について、渡部恒三は、こう述懐している。

「田中内閣をつくり、竹下内閣をつくって、そして竹下内閣では、ぼくが自民党の国会対策委員長、小沢君が官房副長官、小渕君が官房長官だった。そして、もうわれわれの天下ができたと思っていたら、そこでリクルート事件というのが起きて、竹下内閣が崩壊してしまう」

中曽根康弘がリクルート事件で傷つき、経世会支配（竹下・金丸支配）が強まった一九八八年ごろから七奉行は、次々と要職に起用されて、権力の中枢を歩むことになる。竹下政権では、小渕官房長官と小沢副長官が微妙な距離になる。宇野政権は、平成元（一九八九）年七月の参議院議員選挙で敗れ、選挙の最高責任者であった橋本龍太郎幹事長が「チッキショー」と悔しがった。

だが、七奉行のなかで、最初に首相候補とされたのは、橋本龍太郎だった。平成元（一九八九）年の「ポスト宇野」の自民党総裁選びの際、小沢が、橋本の女性スキャンダルを探し出し、橋本の首相就任を潰した。これが「一龍戦争」の発端となった。

「竹下が惨敗した後、一ヶ月か二ヶ月、宇野さんがやって、女性問題でだめになって、女性問題は心配ないということで海部君が総理大臣になった」

結局、金丸が担いだ海部政権では、橋本と入れ替わるように小沢が幹事長に就任した。海部政権の長期化とともに小沢の権力伸張は著しくなる。金丸の威光を背景に政策を牛耳り竹下派竹下系を政策中枢から外したため、橋本、梶山らが不満を募らせる。

しかし、平成三（一九九一）年五月の東京都知事選挙で小沢は、自民党東京都連と対立したうえ敗北した。この責任を取り小沢は、幹事長を辞任、竹下派の副会長だった小渕が後任幹事長に就任した。しかし、小沢は、同じく竹下派副会長から会長代行に昇格し、派内での影響力を増した。この異動には、将来小沢を会長に据えたい金丸の意向があった。

これに対し、竹下は、再度首相として登板する意欲を持ち、小沢を会長に据えることに反対した。平成三（一九九一）年九月、小選挙区法案をめぐり、海部俊樹を支持する小沢を中心とする推進派の金丸系と、面従腹背の幹事長・小渕を擁する慎重派の竹下系が完全に対立し、法案をつぶしたい竹下の意向が働き、廃案になる。これに対し、金丸は、「衆議院解散」で対抗する構えを見せた。

海部は、政治改革派の若手に押され解散して信を問う決意を固めたが、解散決定の閣議一五分前に小沢会長代行が海部に「経世会は解散を支持せず」と伝える。進退窮まった海部総理は内閣総辞職に追い込まれる。渡部は、無念の気持ちを込め、当時をふり返る。

「海部が政治改革に躓《つまづ》き、総理大臣を辞めざるを得なくなった後、どうするかというとき、そのときまだ小沢は四九歳だった。竹下派はもとより、渡辺美智雄さんも三塚博さんも河本敏夫さんも、小沢さんならば賛成しますと言っていました。小沢君は、一三年くらい前に首ひとつ振れば文句なく小沢内閣ができておった。それを小沢君は、まだ準備不足だろうということで、最後に私が説得するんですけれども、私の言うことも聞かないで宮沢を推し、宮沢内閣ができたわけです」

小沢は、後継総理の座を争った宮沢喜一、渡辺美智雄、三塚博を経世会事務所に呼びつけ面接を行った。

しかし、竹下派会長であった金丸信が、平成四（一九九二）年に発覚した東京佐川急便事件で会長職を辞任した。これをキッカケに後継会長をめぐる派内抗争に発展した。

この結果、派閥オーナーである竹下と、会長代行である小沢の対立が深刻化した。両者は中間派であった羽田グループの引き込みに奔走した。

竹下は羽田に対し「派閥会長」「宮沢後の総理総裁」を約束し、小沢は「選挙制度改革の実現」を訴えた。強硬な政治改革論者であった羽田は、小沢に合流することを選択し、羽田と親密であった奥田らも同調した。

七奉行は、竹下側に立った「小渕・橋本・梶山」と、表の羽田・裏の小沢を二枚看板とする「小沢・羽田・渡部・奥田」に分裂することになる。

後継会長人事をめぐり、竹下系は竹下の側近中の側近である小渕を推し、小沢・羽田系は清新なイメージの羽田を推した。衆議院では小沢系、参議院では竹下の命を受けた青木幹雄らが小渕支持に回り、最終的に小渕が後継会長の座に就く。この結果、旧竹下系は実質的に小渕派、羽田派に分裂、第四派閥に転落した。

「それからいろんな変遷がありましたけれども、われわれは宮沢内閣のとき、政治改革を主張しました。しかし、思いどおりに政治改革ができないということで、羽田孜君を代表にして政治改革推進のためのグループを竹下派のなかでつくったわけです。そして宮沢内閣の不信任案に賛成したのです」(渡部談)

経世会(竹下登派)会長の金丸信が平成四(一九九二)年一〇月一四日、東京佐川急便事件をめぐって、衆議院議員を辞職、派閥会長を辞任した。同月二八日、竹下派会長に小渕恵三が就任したことから、小沢支持グループは勉強会「改革フォーラム21」を結成し、一二月一八日、「改革フォーラム21」の国会議員が竹下派を脱会し、羽田・小沢派を発足させた。渡部も行動をともにしたのである。

「しかし、その宮沢内閣も政治改革に意欲がないということで、私(渡部)たちは、戦後六〇年の、この国の政治の一番の過ちは、自民党以外に政権を担当できる政党がなかったことだから、政財官癒着の汚職も、政権を担当できる政党が一つしかないから起こるんだということで、やはり、この国の政治を国民のものにして政財官の癒着をなくすためには政権政党を二つつくらなければならない。そして二大政党によって政権をチェンジすることが民主主義の国民の一票によって政治が動くと考えました」（渡部談）

羽田・小沢派の衆議院議員は平成五（一九九三）年六月二〇日、宮沢喜一内閣の不信任案に賛成、可決した。同月二一日には、武村正義らが自民党を離党し新党さきがけを結成した。これに刺激されて羽田・小沢派の国会議員が同月二三日、自民党を離党、新生党を結成し、党首に羽田孜が就任した。新生党は七月一八日の第四〇回衆議院議員総選挙で五五議席を獲得した。自民党は過半数割れしたため、「憲政の常道」に従い、下野した。また、日本社会党も惨敗していた。

小沢や渡部らが、「政治改革」を旗印に自民党を離党して新生党を立ち上げ、細川政権を樹立した真の「政略」を理解できない国会議員が多かったことから、細川政権は、結束力が弱く、わずか八か月で崩壊し、跡を継いだ羽田政権は二か月で瓦解した。

渡部は同志小沢、羽田とともに一二月一〇日、新生党を解散し、細川護熙・羽田孜連立政権に参加した非自民・非共産勢力が合流して平成六（一九九四）年一二月一〇日、新進党を結成したのである。

「残念だけれども細川内閣が辞めちゃって、自民党による社会党政権ができた。夢にも考えなかった。これは梶山静六がやった。同じ七奉行の一人です。梶山静六のウルトラCで、われわれは、野党になって新進党というのをつくった。小沢党首のもと私は副党首をつとめることに

なりました」（渡部談）

自民党の政権復帰後は、一九九五年の総裁選で梶山が橋本総裁実現に大きく貢献した。橋本は、首相就任後、梶山を官房長官に就け、構造改革・財政再建を断行する。この政権は小渕・竹下主導ではなく、反竹下のＹＫＫ（山崎拓、加藤紘一、小泉純一郎）が力を発揮した改革政権であった。

自民党側では、連立相手をめぐり梶山は平成九（一九九七）年ごろ、新進党内で孤立しかけていた小沢と保保連合を模索し、自社さ派の野中広務と対立する。橋本は当初、保保派寄りと見られていたが、同年九月、橋本と小渕が自社さ派に屈する形で、自社さ派の勝利で対立が決着した。だが、新進党内では一二月二七日の両院議員総会で、内部対立が深刻化し両院議員総会で解散決定に追い込まれる。公明党出身の草川昭三衆議院議員が立ち上がって、小沢の強引なやり方を痛烈に批判したのに対して、小沢も立ち上がって、売られた喧嘩を買わんばかりに、

「それならやり直すか」

あわや大喧嘩になりかけたとき、渡部が、小沢の両肩を両手で押さえ、

「まあ待て、待て待て」

と押し止めた。だが、結局、新進党は解党を決定した。

●渡部恒三は橋本政権時、衆議院副議長に就任する

「その後、自民党から『早稲田大学雄弁会の後輩である小渕恵三が自民党から衆議院議長に就任するので副議長をやれ』と言われた。本当は副議長になる気はなかった。ところが、当の小渕は総理になるつもりだもんだから、地元後援会や同僚議員の説得により就任を固辞し、代わって伊藤宗一郎が議長になった。『それならばお前が小渕と一番仲が良かったから』ということで副議長に推されて、やむなく引き受けた」（渡辺談）

渡部は平成八（一九九六）年一一月、橋本政権のとき、衆院副議長に就任したのである。

小渕政権は前任の橋本・梶山路線とは正反対の経済財政政策を採り、財政赤字をかえりみず景気回復に努めた。この政権では橋本は発言権を失い、代わりに派内には野中広務、青木幹雄、村岡兼造ら「ポスト七奉行世代」の実力者が派をリードするようになった。

野中広務（官房長官）は小渕政権内における竹下登の代理人だったと言ってもよい。平成一〇（一九九八）年一〇月五日、小沢一郎と会い自自連立の打診をし、下地をつくった。そのうえで、同月二〇日の竹下と小沢との会談が実現し、自自連立に合意した。このお膳立てを踏まえて、小沢が一一月一六日、小渕首相と会談して、関係を良好にしたうえで同月一九日、小渕首相が小沢と改めて会談して「自民・自由両党合意書」を作成し、最終的に自自連立することで正式に一致したのである。

自民党と自由党の連立政権誕生（一月一四日）を好感する国民が増えて小渕内閣支持率がやや上向き、小渕首相の政権基盤が、強固になってきたように見えてきた。

ところが、事態は急変する。小渕首相と自由党党首の小沢一郎、公明党代表の神崎武法が平成一二（二〇〇〇）年四月一日夕方、首相官邸で会談し、自由党の連立政権離脱問題を協議した。この場には青木幹雄（官房長官）も同席していた。この席上、小沢は、三党合意書を提示して、

「今国会中に三党政策合意を早期実現すべきだ」

と迫った。安全保障基本方針の策定や国連平和維持軍（ＰＫＦ）の凍結解除などを強く求めたのである。これに対して、小渕首相が、

「今国会でこれを実現するのは不可能だと言ってもいい。そんなことより信頼関係が保てない」

と述べ、自由党との連立解消を伝えた。小沢が盛んに政権離脱を言い立てていたので、小渕首相や神崎代表が、これを一種の恫喝と受け止めて、不信感を抱いていたのである。この会談の直後、大変なことが起きた。小渕首相は、記者団の質問に即座に答えられず異変の兆候を示していたが、二日午前一時ごろ、首相官邸で体の不調を訴え、東京都文京区の順天堂大学付属病院に緊急入院した。脳梗塞であった。小渕首相は、そのまま帰らぬ人になってしまう。

●衆議院副議長に再任、在任日数は最長二四九八日を記録する

「衆議院副議長に就任したから四年で終わるのかと思ったら、民主党から出した候補者があま

り人気のない人なもんだから、私が異例の七年六ヶ月二期、副議長をやることになり、この間は政治の生臭い現実から離れておった」（渡辺談）

渡部は平成一二（二〇〇〇）年七月、衆議院副議長に再任された。衆議院副議長は行政府で言えば、「大臣級」のポストである。野党暮しのなかでは、与野党からの情報が集まる「要衝」でもあり、案外居心地がよかったようである。

ところで、渡部が衆議院副議長に再任された以降も、政局は目まぐるしく移り変わって行き、民主党は平成一五（二〇〇三）年一〇月五日、東京都港区の東京プリンスホテル二階「鳳凰の間」で、「民主党・自由党合併大会」を開いた。

自民党と民主党の間に立つため無所属の会（会派は民主党・無所属クラブ、選挙では与党の公明党や保守新党の推薦も受ける）にいた副議長在任日数は、衆議院創設以来最長（二四九八日）を記録した。

平成一七（二〇〇五）年九月の第四四回衆院選では民主党の公認を得て立候補、そのため公明党の支持を得られなかったものの、次点議員と六六三七票差で当選していた。

●幻となった「渡部恒三代表、仙谷由人幹事長」構想

「送金メール」事件を受け、民主党内の一部ばかりでなく、国民の間でも、事態の収拾能力がなく、ボロを出していた前原に代表辞任を求める声がだんだんと大きくなり、「ポスト前原」

が取り沙汰されていたとき、「渡部恒三代表」を待望する声も上がっていた。

事実、前原・枝野派のなかで一体となって行動している小沢一郎嫌いの枝野幸男と仙谷由人が「渡部恒三を代表、幹事長を仙谷由人」という構想を描いて工作していた。渡部は、衆議院副議長を務め、すでに七〇歳を超えていたけれど、「いつか総理大臣になって見せる」という政治家を志して以来の野望を捨てていなかった。だが、小沢一郎が、「代表選挙に出る」と決意を示し、代表選挙が行われることになり、この構想は幻に終わった。

前原誠司が三月三一日、永田寿康と「抱き合い心中」の形で代表辞任を表明し、民主党内は、一気に「代表選挙」に突入した。だが、「選挙方法」をめぐって、小沢一郎派、菅直人派、鳩山由紀夫派、前原誠司派、横路孝弘派などが、水面下で激しい駆け引きを始めた。小沢派や菅派のなかからは、党内抗争の後遺症を残さないための方法として、

「話し合いにより、立候補補者を一本化すべきだ」

という声も出ていた。このため、両陣営は、「話し合い」を有利に進めようと「多数派工作」に血道を上げようとしていた。

これに対して、渡部は、民主党の上層部の限られた人間で「談合」して代表を決める方法に反対したのである。渡部は言う。

「私が国対委員長を引き受けたとき、せめて前原君は続投できればと思っていたのですが、諸般の事情があって、前原君も辞めざるを得ないことになりました。そこでどうするかというこ

とになった。大体、だれが見ても小沢君か菅君です。話し合いで菅君に、君はその後ということで、小沢君にしろと言えば、小沢君で一本化できるのは、わかりきっていた。私はそれをしなかった。民主党は、やはりパブリックパーティであり、国民の党だから、これを二、三人の者が談合で党首を決めてはいかんと思った」

国民が監視しているなかでの代表選挙である以上、密室でコソコソと談合して決めるのを嫌い、あくまで公明正大な選挙を望んだのである。渡部は、「正々堂々と代表選挙を行い、さわやかに決めるべきだ」と訴えていた。渡部が、「談合」を嫌ったのには、理由があった。それは、小渕恵三首相が急死した直後、森喜朗が「後継総裁・首相候補」として談合で選ばれた経緯を想起して、憂慮していたというのである。

●小沢一郎が代表に選ばれる

その後、多少のギクシャクはあったものの、渡部らの尽力が実り、民主党は平成一八（二〇〇六）年四月七日、東京・紀尾井町の赤坂プリンスホテルで、両院議員総会を開き、党所属の衆参両院一九二人のうち、一九一人が出席して、前原の後任を決めるための「代表選挙」が実現された。小沢と菅の二人が揃って立候補し、選挙戦は、二人の一騎打ちとなった。両候補は、正々堂々と政見演説を行った。小沢は、その演説のなかでこう力説した。

「私はいま、青春時代に見た映画『山猫』のクライマックスの台詞を思い出しております。イタリア統一革命に身を投じた甥を支援している名門公爵に、ある人が『あなたのような方がなぜ革命軍を支援するのですか』とたずねました。バート・ランカスターの演じる老貴族は静かに答えました。

『変わらずに生き残るためには、自ら変わらなければならない（We must change to remain to the same)』

確かに人類の歴史上、長期にわたって生き残った国は、例外なく自己改革の努力を続けました。そうなのだと思います。よりよい明日のために、かけがえのない子供たちのために、私自身を、そして民主党を改革しなければならないのです。

まず、私自身が変わります。そして、皆様に支えていただきながら、民主党を改革し、そして日本を改革しようではありませんか。

私はこの闘いに政治生命のすべてをつぎ込み、ひたすら目標に邁進し続けることをお約束いたします。皆様のご理解とご支援をお願い申し上げます」

民主党の国会議員ばかりでなく、テレビを見ていた国民は、小沢が「まず、私が変わらなければならない」と発言したことに、驚き、感銘を受けた。

このときの印象を渡部も、こう証言する。

「これまで三七年つきあってきたけれども、『これはまさに最高の演説だった』と小沢君に言いました。これはお世辞でもなんでもなくて心底から出た言葉です。二一世紀の新しい政治の行くべき姿、そして『世の中を変えるために、まず私自身が変わる』という言葉にみんな拍手を送っていました」

投票の結果、小沢が一一九票、菅が七二票をそれぞれ獲得し、小沢が、四七票の差をつけ、代表に選出された。

だが、小沢は菅を代表代行に据え、鳩山由紀夫幹事長、松本剛明政策調査会長、渡部恒三国対委員長ら幹事長以下、前原体制の役員をそのまま再選し挙党態勢を印象づけた。渡部は国対委員長として、再び上京し、「平成の黄門さま」に戻った。渡部は感慨無量だったようであった。

「この四〇日間を振り返ると、私の長い政治生活で百パーセント自分の思い通りになったことは初めてです。それも大概は、だれかが犠牲になるものです。ところが結果は、民主党のためにも良かった、小沢君のためにも良かった。菅君のためにも良かった。こんなことは初めてです。このために、『代表選挙を行って悪かった』という人は、だれもいません。これは素晴らしい結論でした。私の長い政治生活の中で一番、国民のために働かせてもらったと思っています。本当にうれしいことでした」

菅代表だった民主党と小沢党首の自由党が平成一五（二〇〇三）年九月二四日に東京都港区の東京プリンスホテルで合併協議に調印して、すでに「二年七か月」が経過していた。

●小沢一郎は、菅直人、鳩山由紀夫と三人による「トロイカ体制」を築いた

民主党内は、代表の小沢一郎を中心とする「対立軸路線（与党との違いを明確にする）」を主張するグループと、前代表の前原誠司を中心とする「対案路線（与党と政策で競争する）」を主張する若手グループの対立が鮮明になった。

しかし、小沢一郎は「国民の生活が第一」をキャッチ・コピーに掲げて、戦闘モードに入った。小沢は、自らを頂点にしながら、菅直人、鳩山由紀夫と三人による「トロイカ体制」を築いた。

トロイカ体制とは、一人の指導者に権限を集中せず、三人の指導者で組織を運営する集団指導体制のことをいう。名前の由来はロシアの三頭立ての馬橇であるトロイカ。もとはソ連でスターリンの死後、権力が一人に集中するのを防ぐために書記長を廃止し、第一書記、最高会議幹部会議長（国家元首）、首相の三人に権限を分散させたことをさして使われた。民主党の場合、上部に羽田孜、渡部恒三の二人の最高顧問を仰ぎ、下部に執行部を設けるとともに、「常任幹事会」があり、「次の内閣」（「ネクスト・キャビネット」）がある。すなわち、「シャドー・キャビネット」を擁している。この中央本部組織の下に、地方組織を配置していた。民主党の役員は次のような構成になっていた。

□最高顧問・羽田孜、渡部恒三

□代表・小沢一郎

□代表代行・菅直人
□副代表・岡田克也、川端達夫、赤松広隆、北澤俊美、円より子
□幹事長・鳩山由紀夫
□政策調査会長・松本剛明▽政策調査会長代理・長妻昭、浅尾慶一郎▽政策調査会筆頭副会長・大島敦▽政策調査会副会長・高山智司、前川清成、主濱了、鈴木克昌、那谷屋正義、高井美穂、足立信也、長島昭久、津村啓介、大串博志、松下新平
□国会対策委員長・高木義明▽参議院議員会長・輿石東▽参議院幹事長・平田健二▽参議院国会対策委員長・簗瀬進
□常任幹事会議長・中井洽▽総務委員長・大畠章宏▽選挙対策委員長・鉢呂吉雄▽財務委員長・山岡賢次▽組織委員長・直嶋正行▽広報委員長・千葉景子▽企業団体対策委員長・柳田稔▽国民運動委員長・野田佳彦▽常任幹事・（北海道）松木謙公、（東北）黄川田徹、（北関東）細川律夫、（南関東）広中和歌子、（東京）小宮山洋子、（北陸信越）羽田雄一郎、（東海）藤本祐司、（近畿）前原誠司、（中国）平岡秀夫、（四国）高井美穂、（九州）西岡武夫▽代議士会長・小平忠正

●第二一回参議院議員通常選挙で、六〇議席を獲得する

平成一九（二〇〇七）年七月二九日、第二一回参議院議員通常選挙が行われ、民主党は改選

数一二一のうち、六〇議席を獲得した。自民党結成以来非自民政党として初めて参議院で第一党となり、昭和三〇（一九五五）年の自民党結党以来、初めて、非自民の参議院議長に江田五月を選出した。

第4章　民主党は政権政党となり得るか――選挙で勝てるか

●政権取りとは、国民・有権者の大多数を取り込むことである

「政権政党となる」とは、「衆議院で過半数を得ること」である。国民・有権者から政党と所属議員が、他の党と所属議員とを比較され、期待されて、選ばれ、票を投じてかもらえるかどうかという一点によって決まる。政権取りとは、言うまでもなく、国民・有権者の大多数を取り込むことである。地縁や血縁、情実はもとより、さまざまな利権、利害関係で結びついているライバルの陣営を切り崩し、わが方の味方にしてしまうことである。

ただし、国民・有権者が政党と所属議員を選ぶ基準は、一定してはいない。様々な要素が複

合的に絡み合って、国民・有権者が選定するからである。

●「必勝の原則」としての「選挙・票固め十ケ条」

民主党が政権政党となりえるかどうかは、民主党が選挙に勝つこと、すなわち選挙に強い政党となりえるかどうかにかかっている。選挙戦には、普遍的な「必勝の原則」というものがある。セオリーを踏み外しては、選挙戦には勝てない。

ここに、普遍的な「必勝の原則」と言ってよい、「選挙・票固め十ケ条」という一つの指針がある。

【選挙・票固め十ケ条】

一、選挙は戦い、戦いは作戦。作戦の基本は、候補者のイメージ・アップ（相手候補のイメージ・ダウン）、事前活動、緒戦、中盤、終盤を通じ、綿密周到な計画と陣営の訓練が肝要。投票の〆切の六時まで全力を尽せ。

二、有権者の半数以上が婦人、婦人こそ人気つくりのメーカー。婦人は思いつめたら一生懸命、婦人を味方にしよう。

三、有権者の構成は、今や昭和生れが七三％、大正生れが一七％、明治生れが一〇％。近代的感覚、カッコいい選挙にも留意し、陣営の鮮度保持に努力しよう。

四、拠点づくりを急ぎ、点を線で結ぼう。点はまず身近な者、親類縁者、同級生、学校の同窓関係から、それを線に継ぎ、拡大を図ることが肝要。支持者カード、政治地図を作成しよう。

五、行事は早めに企画し、大きな集会と併せ、部落、学区ごと等、キメこまやかな座談会も企画し、末端に強く浸透する努力が必要。

六、食わずぎらいはいけない。反対派の支持者とみても、あたってみよう。先手を打って頼んでみる努力が意外に功を奏す。（全国区選挙等では特に！）

七、頼みっ放しは駄目。人をかえ、点検を綿密に行うことが絶対肝要。

八、接触度の高い活動家や人望のある人を陣営に組み入れ、口コミ作戦を重視、展開しよう。

九、得票は一票一票、足でかせぐこと。一票一票が積って山をなし、当選となる。（千里の道も一歩から――）

十、人気だけでは決して勝てない。人気よければ陣営が弛み、対立候補に乗ぜられる。最後まで危機意識に燃え、強固な団結と強固な必勝の信念を持って頑張ろう。

「全国区選挙等では特に！」という教えが示しているように、「選挙・票固め十ケ条」がつくられたのが、参議院議員選挙に全国区があったころであり、都道府県単位の「選挙区」と全国一単位の「拘束名簿式比例代表制」を採用している現在の選挙制度とは大分事情が違っており、国民の世代構成も大きく変化している面はある。しかも、「投票〆切の六時まで全力を尽せ」というのは、いまでは「午後八時」に延長されている。「今や昭和生れが七三％、大正生れが一七％、明治生れが一〇％」という世代構成も大きく変化している。

だが、改めて読んでみると、「選挙必勝の極意」あるいは「選挙戦術の原理原則」としては、今日でも立派に通用することに気づかされる。「組織づくり」や「支持者づくり」「イメージ・アップの方法」などの点で、少しも古くなっていない。大衆の多くから支持を得てしかも候補者の名前を書いてもらうところまで組織を固めていくための「原理・原則」や「ノウハウ」、あるいは「マニュアル」は、インターネットが普及しつつある現代においても普遍性を持っていると断言してもよい。

●田中角栄元首相が「選挙の神様」と呼んで尊敬した兼田喜夫

この「選挙・票固め十ケ条」は、自民党で選挙担当を務めていた兼田喜夫が、長年の血の滲むような経験を踏まえて作成した「珠玉の名品」である。自民党は、「選挙必勝の極意」とも言うべき「ノウハウ」を徹底的に活用してきた。兼田は田中角栄（元首相）が第二次大戦中、陸軍にいたころの上官で、戦後、自民党に入り、「選挙・票固め十ケ条」をつくった。

田中は、兼田を「選挙の神様」と呼んで尊敬し、選挙の「王道」を示したこの「十ケ条」を高く評価して拳々服用し、基本通りに実践し、いつの間にか、選挙上手で知られるようになっていた。田中が選挙上手と言われた秘密は、ここにあったのである。

その人から「神様」扱いされた人物だから、兼田はよほど、選挙に精通していたと見てよい。この兼田が、自らの選挙実戦の経験を踏まえて原理原則を抽出してまとめたのが、「選挙・票固め十ケ条」であった。文字通り歴戦の勇士の汗と涙の結晶である。

●田中角栄の愛読書は、「国会便覧」だった

田中角栄の選挙上手はまさに「天才的」であった。けれども、大天才・エジソンが遺した「一％のひらめきがなければ、九九％の努力は無駄である」「天才は一％のひらめきと九九％の努力の賜物である」という名言を借りれば、選挙の天才・田中角栄も人知れず、努力を積み重ねていた。

田中は、国会議員を選挙区別に掲載している「国会便覧」を愛読書の一つにしていた。しかも一日に二回就寝した。午後九時に一度寝て、午前零時に起き、その日にあったことを秘書から報告を受けた。その後で、午前二時から三時まで読書にふけった。

寝室で国会便覧をめくり、選挙区を一つ一つ丹念に見ながら、衆参両院の国会議員についての情報を暗記した。赤鉛筆をなめなめ、書込みを入れたり、赤線を引いたりして、全国の国会議員や候補者の得票動向や選挙での強弱、選挙区情勢などを研究していたので、選挙にかけて

は、田中の右に出る政治家は皆無に近かった。

田中は派閥などの人脈や当選回数、得票数なども覚え、中央省庁の官僚に関する情報についても、熱心にインプットした。入省年次や経歴、閨閥などに至るまで、大事と思うものに線を引く。赤ペンで○×をつけて記憶にとどめて寝た。

朝は六時に起きて、陳情団に対応した。こうしたことは、幹事長時代から習慣になっていたという。

全国の選挙区の情報は、自派の勢力拡大の強力な武器になった。公認権を発揮する際の匙加減、カネの配り方、権限の行使に当たって、田中は、これらをフルに利用した。

この手法は、昭和四七（一九七二）年七月五日の自民党大会における総裁選挙の決戦投票での多数派工作に当たっても、威力を発揮することになる。

それればかりでなく、首相になって官邸入りしてからは、各省庁の官僚たちをコントロールするのに大いに役立った。首相が自分の入省年次まで記憶しているのを知って、大抵の官僚たちが、感服させられたという。

●小沢一郎も「選挙・票固め十ケ条」を実践している

田中の直弟子である小沢一郎も、政治の師匠であり父である田中に伝授された「選挙・票固め十ケ条」を身を持って実践し、師匠同様、「選挙上手」と定評を得てきた。

民主党が、「衆議院で過半数」を得て「政権政党となる」には、前に立ちはだかる「強敵」との戦いに果敢に挑み、最大の敵である自民・公明党による連立与党を打倒しなければならない。そのためには、ひとえに「選挙・票固め十ケ条」をフルに活用して、「衆議院で過半数を得ること」に尽きると断言してよい。

しかし、自民党は、保守勢力の牙城であり、一見すると「難攻不落」の城に見える。それでも、まずもってこの城を攻め落とさなくては、政権を獲得できないのである。いかに「マニフェスト」に立派な政策をてんこ盛りして、夢を振り撒いても、選挙に勝ち政権を取らなくては、ただの夢幻にすぎない。

●選挙戦とは国民・有権者に候補者を売り込み、買ってもらうための戦いである

そこで、「選挙・票固め十ケ条」を逐条的に追いながら、民主党が「衆議院で過半数」を得て、政権政党となるための「戦略・戦術」はいかにあるべきかを考察してみよう。

まず、「十ケ条」の第一条「選挙は戦い、戦いは作戦。作戦の基本は、候補者のイメージ・アップ（相手候補のイメージ・ダウン）、事前活動、緒戦、中盤、終盤を通じ、綿密周到な計画と陣営の訓練が肝要。投票の〆切の六時まで全力を尽せ」についてである。

この「選挙」は、「商い」とよく似ている。「候補者」を「商品」と置き換えてみると、選挙戦とは、「商品」である「候補者」をいかにして、消費者である国民・有権者に売り込み、

買ってもらうための戦いであると言える。

選挙戦は、ビジネス戦争と何ら変わりはない。「選挙は戦い、戦いは作戦」は、「商いは戦い、戦いは作戦」となり、「作戦の基本は、候補者のイメージ・アップ」は、「作戦の基本は、商品のイメージ・アップ」となる。

企業は、商品の「知名度」を上げ、消費者に認知され、さらに支持を得るために莫大な宣伝費を投じて「イメージ・アップ」を図っている。企業は、新聞、雑誌やテレビ・ラジオ、新聞折込みやチラシ、最近ではインターネットなども動員して宣伝に努める。巨額の宣伝費を投入できる企業は、短時間に商品の名前を消費者に浸透させて、またたく間に知名度を上げることができる。

宣伝費をあまりかけることのできない企業は、口コミなどに頼りながら、時間をじっくりかけて名前を売るしかない。知名度は、かける宣伝費用に比例するとも言える。「イメージ・アップ」は、宣伝の仕方によって左右されるけれど、何と言っても宣伝媒体を有効かつ効率的に活用した企業が勝利により早く近づけるのである。

自民党VS民主党の全面対決となる総選挙戦は、政策争いというよりは、「どちらのマスクがよいか」という「マスク戦争」の様相を呈してくる。言い換えれば、どちらが、「イケメン政党」かという「見かけ」を争う形になる。

これは、選挙というものの性格上、やむを得ないことでもある。それは、選挙戦というのが、

「イメージ」を戦わせる要素が強いからである。個人レベルにおいても、選挙に勝とうとするなら、第一番目の戦術として、我が方の「イメージ・アップ」、ライバルの「イメージ・ダウン」を図ることに全力を投球しなくてはならない。これは、選挙の常道である。

となると、我が方の「イメージ・アップ作戦」もさることながら、ライバルのイメージを貶めるために、「ネガティブ・キャンペーン」も辞さない獰猛さも必要となる。

選挙戦が「イメージ選挙」に終始するようになると、必然的に「政策」の影が薄くなってくる。いかに立派な政策を国民・有権者に訴えても、ほとんどが聞き入れられない。そもそも、一片のチラシやポスターに書かれた「言葉」を信用する国民・有権者は、少ないのである。

しかし、だからといって、政策に不熱心で不勉強だと思われては、それこそ、イメージ・ダウンにつながりかねないので、国民・有権者の「歓心を買う」ような心地のよい言葉をチラシに散りばめたり、ポスターにキャッチ・フレーズとして書いたりしなくてはいけない。しかし国民・有権者は、細かい政策には、大して興味はないのである。

福田首相の何事につけても「他人事」であるかのような「態度」が醸し出している「マイナス・イメージ」が、自民党にとってダメージになり、反射的に民主党には、プラスになる。これを上手く「短いキャッチ・コピー」として打ち出せれば、勝てる。

民主党は、自らの「イメージ・アップ」とともに、打倒しようとする自民・公明連立与党の現政権、すなわち、福田政権を「イメージ・ダウン」させるための手練手管を徹底的に駆使して、退陣に追い込まなくてはならない。自民党内では、福田内閣の支持率が下降の一途をたどっている状況を憂慮して、「福田首相では次期総選挙を戦えない。最悪の場合、衆議院で過半数を確保できず、下野せざるを得なくなる」として、福田首相を引き摺り下ろして、「ポスト福田」の下馬評の高い麻生太郎（自民党幹事長）か、小池百合子か、あるいは、谷垣禎一、与謝野薫かのだれかを首相にして、総選挙に臨もうという動きも活発化している。

こうした政治情勢の下で、民主党は、政権が倒れる「要因」にウォッチして、ことあるごとに粘り強く、執拗に揺さぶりをかけ続けていかねばない。一瞬たりとも手を抜いてはいけない。そうでなければ、政権を奪取することはできないのである。時の政権が倒れる「要因」には、次のようなものがある。

●時の政権が倒れる「二〇の原因」

時の政権が倒れる引き金となり得るのは、次の「二〇の原因」が「元凶」となる場合である。いずれもが政権にとって命取りとなる。

第一の原因　強力なリーダーシップの低下、あるいは欠如
第二の原因　時の首相の健康不安、あるいは急病、急死
第三の原因　情報収集力の低下、あるいは重要情報が届かず、首相執務室が「情報空白」

状態に陥ったとき
第四の原因　自民党内の支持基盤が崩れ、時の首相が「裸の王様」になったとき
第五の原因　参議院議員選挙・総選挙で敗北したとき
第六の原因　友党・公明党との結束が緩み、破綻したとき
第七の原因　マスコミとの関係が険悪になったとき
第八の原因　時の首相が不用意な発言をしたとき
第九の原因　国民世論への配慮を欠き、政治運営が独善的になったとき
第一〇の原因　時の政権の求心力が急速に低下したとき
第一一の原因　政治工作に使う資金の確保が困難になったとき
第一二の原因　官僚が支持せず、サボタージュをはじめたとき
第一三の原因　野党対策に失敗し、国会運営がデッド・ロックに乗り上げたとき
第一四の原因　内政・外交の両面で失政を繰り返したとき
第一五の原因　最悪のシナリオ・東アジアの戦乱に備えが不十分だったとき
第一六の原因　本来、不況に強いはずの自民党がパワーを発揮できず、経済・景気政策に失敗したとき
第一七の原因　円をバランスよく安定させることができず、急激に円高が進んだとき
第一八の原因　自民党内の各派閥に閣僚、副大臣、政務官などのポストを十分満足されるよ

うに配分できず、不満を残した場合
第一九の原因　閣議で不規則発言が頻発し、閣内を統一できなくなったとき
第二〇の原因　調整役が存在せず、党内抗争が激化したとき

いずれも一目瞭然、納得できるものであろう。しかし、これら「二〇の原因」のどれかは、いつでも発生し得る。それだけ政権というものは、脆弱なものなのである。以下、福田政権に最も起こり得る要因をいくつかピックアップしてみよう。

第二の原因の「時の首相の健康不安、あるいは急病、急死」は、脳梗塞で倒れて亡くなった小渕恵三元首相の例を持ち出すまでもなく、いまでも記憶に新しい。景気政策を次々に打ち出し、これからいよいよ景気を回復軌道に乗せようとした矢先、突然倒れてしまった。

戦後、在職中に病気で倒れた首相としては、池田勇人首相がまず思い出される。喉頭ガンで東大病院に入院し、退陣後死去した、大平正芳首相は、心筋梗塞で倒れ、東京・虎ノ門病院に入院し、現職のまま死去した。

安倍晋三首相は平成一九（二〇〇七）年九月一二日昼、突如退陣する意向を明らかにした。衆議院本会議で、各党から代表質問を受ける直前であった。首相官邸を訪れた自民党の大島理森国会対策委員長に「幹事長に自分の気持ちを伝えたい」と述べ、辞意を漏らしたのである。これを受け、大島は直ぐに、民主党の山岡賢次国対委員長に電話し、「首相が辞するので（午

後の）代表質問には答えられない」と伝えた。安倍は、午後二時から記者会見で辞任を決断した理由について、「国民の支持、信頼の面で、力強く政策を前に進めていくことは困難な状況だ。ここは自らがけじめをつけることによって局面を打開しなければならないとの判断にいたった」と説明した。

安倍は、「胃腸が弱い」という持病を持ち、ストレスのたまる政務に追われ、平成一九（二〇〇七）年四月ごろから、「パンパース（紙おむつ）を着用している」と噂されていた。九月七日、ＡＰＥＣ（アジア太平洋経済協力）会議に出席して、九月九日のシドニーでの記者会見では、インド洋での海上自衛隊の補給活動の継続について「職を賭（と）して取り組んでいく」と述べた。帰国したころには、お粥もノドを通らないほど衰弱するほど悪化していたと言われながら、所信表明演説をして政局を乗り切ろうとしたものの、急に体力に自信が持てなくなったのである。

政治家の仕事は、極めてハードである。これに押しつぶされる政治家は少なくない。一国の首相ともなれば、なおさらである。福田首相が「衆参ねじれ国会」の運営に難渋し、体力を損なう危険は、多分にある。そのときは、政変となり得るのである。

第五の原因の「参議院議員選挙・総選挙で敗北したとき」は、ズバリ政変になる。政権交代とはならずとも、内閣総辞職、軽くても内閣改造になる。

安倍首相が平成一九（二〇〇七）年七月二九日、参議院議員選挙で自民党が「歴史的大敗」

したときが、まさにその典型例だった。自民党内のあちこちから、しかも後見人と見られていた森喜朗（元首相）からも「退陣」を迫られた。だが、「改革を継続する」として頑として聞き入れず続投を表明し、体力の衰退を押して八月二七日には内閣改造を断行した。それでも、遠藤武彦・前農相が補助金の不正受給問題で九月三日に辞任したことから、政権浮揚を果たせなかった。そればかりか、民主党が対決姿勢を示すなか、テロ対策特別措置法延長問題を抱える臨時国会の乗り切りが難しいと判断し、突然退陣したのである。

民主党は継続に反対する方針を崩さず、安倍が申し入れていた小沢代表との党首会談も拒否していた。自民・公明連立与党からも、海上自衛隊の活動を継続するための新法案を衆議院で再議決することに対し、強い反発の声が出ていた。

「参議院議員選挙・総選挙で敗北したとき」は、政権基盤が根底から揺らぐ、大変事である。政局が一気に流動化し、「政変」となる。

第八の原因である「時の首相が不用意な発言をしたとき」も、福田政権にとってかなり大きな打撃になる。その一つの例が、森喜朗首相が行った「神の国」発言である。マスコミから猛烈な批判を食らい、政権が揺らいだ。

福田首相も就任以来、国民から顰蹙を買うような不用意な発言をしばしばしてきた。それは「福田首相の他人事発言」とさえ批判されている。

福田首相は平成二〇（二〇〇八）年四月一二日の「桜を見る会」で「物価が上がるようなこ

とがあるが、しょうがないことはしょうがない。耐えて工夫して切り抜けるのが大事だ」と発言したことをとらえ、鳩山由紀夫が「看過できない。撤回を求めたい」と痛罵した。

鳩山由紀夫は福田首相が四月五日、貴代子夫人を伴い、北海道洞爺湖サミットの会場視察に訪れ、高級ホテルに宿泊した際、一晩一三六万円もする部屋に泊まっていながら、平気な顔で国民には物価高を強いる首相の姿勢を問題視した。「庶民感覚からズレている点を攻めていけば、福田首相は必ず切れる」と目論んでいたからである。福田首相が、「後期高齢者医療制度」を「長寿医療制度」に言い換えて、「この制度は大変いい制度なんです」と発言を繰り返している点にも、「庶民感覚とのズレがある」と受け止め、「二の矢」を放ち、福田首相を怒らせ、「伝家の宝刀」の衆議院解散権を行使させようと知力を尽くし、秘策を練り続けている。

第七の原因の「マスコミとの関係を良好にする」というのは、やはり森喜朗首相のケースが、よく示している。

森喜朗元首相は、産経新聞記者歴があり先輩気分のうえに、わが子と同世代の「首相番記者」を軽んじ、関係をこじらせてしまった。しかも、第八の条件の「用心深い首相の発言」にも抵触し、「神の国発言」や「総選挙投票日に有権者は寝ていてもらいたい」「（ハワイ沖での米潜水艦が日本の練習船に衝突、沈没されたとき）あれは事故でしょう」などと不用意な発言をして、国民の顰蹙《ひんしゅく》を買い、退陣に追い込まれる結果となった。

森は首相官邸を去る際、首相番記者たちには目も向けず、別れの言葉も発しなかったという。

活字媒体はおろか、テレビやインターネットで首相の「生の姿」が国民に瞬時に伝わってしまう昨今、森首相の残した教訓は大きい。

●女性優位はさらに強まっており、女性をあなどることはできない

「十ケ条」の第二条「有権者の半数以上が婦人、婦人こそ人気つくりのメーカー。婦人は思いつめたら一生懸命、婦人を味方にしよう」について。

総務省統計局が作成している「人口推計月報」掲載の「平成二〇年五月一日現在概算値」によると、日本の総人口は、一億二七六九万人で、このうち、有権者となる日本人人口の二〇歳以上は、一億四二二万人（全体の八一・六%）である。このうち、男性は、五〇二三万人（四八・二%）、女性（婦人）は、五四〇一万人（五一・八%）である。「半数以上が婦人」という状況に変化はない。それどころか、男性より女性の方の長命がますます延びているので、女性優位はさらに強まっており、選挙においては、女性をあなどることはできない。女性に嫌われたら当選は覚束ないのである。

たとえば、小泉純一郎元首相に見られるように、演説会場に小泉元首相が姿を現すと、まるでタレントを追いかけるように、大勢の女性が詰めかけ、黄色い声を張り上げてムードを盛り上げている。「小泉人気」が依然として根強く健在である。「婦人こそ人気つくりのメーカー。婦人は思いつめたら一生懸命、婦人を味方にしよう」というのは、他の候補者にも当てはまる。

民主党には、小泉元首相を凌駕するほど「女性人気」を博している政治家は一人もいない。結党以来ずっと女性有権者の人気が「いまいち」と言われ、民主党の弱点の一つと言われ続けてきた。小沢一郎や鳩山由紀夫、菅直人、横路孝弘、前原誠司らの指導者が、どれほど女性有権者を引きつけられるかが、選挙対策上の大きな課題の一つである。

●超高齢社会で、六五歳以上の高齢者の比重はますます重くなっている

「十ケ条」の第三条「有権者の構成は、今や昭和生れが七三％、大正生れが一七％、明治生れが一〇％。近代的感覚、カッコいい選挙にも留意し、陣営の鮮度保持に努力しよう」について。

平成二〇（二〇〇八）年八月現在、大きく変化している。平成元（一九八九）年生まれが、成人（二〇歳）に仲間入りし、有権者となっている。

昭和生まれは、「昭和元（一九二六）年一二月二五日〜昭和六四（一九八九）年一月七日」、年齢は「八二歳〜二〇歳」であり、統計はやや古くなっているけれど、総務省統計局が作成した「我が国の人口ピラミッド」（平成一九年一〇月一日現在）によると、「年齢別人口」は、次のようになっている。

「出生年を元号別にみると、明治生まれの人口は二八万人（総人口に占める割合〇・二％）、大正生まれの人口は六一四万八〇〇〇人（同四・八％）、昭和生まれの人口は九九四五万人（同七七・八％）、平成生まれの人口は二一八九万二〇〇〇人（同一七・一％）となった」

この説明に従えば、「選挙・票固め十ケ条」の「第三条」は、こう変わっていることに気づく。

「国民の構成は、今や平成生まれが一七・一％、昭和生まれが七七・八％、大正生まれが四・八％、明治生まれが〇・二％。近代的感覚、カッコいい選挙にも留意し、陣営の鮮度保持に努力しよう」。

しかし、いまや昭和生まれが、「超高齢社会」（六五歳以上が二〇％を超えた社会）の主力を成している。「年齢（五歳階級）、男女別推計人口」の「平成二〇年五月一日現在（推計値）」によると、「総人口」のうち、「六五歳以上」は、二七九四万人（男性一一九二万人、女性一六〇二万人）で、総人口の二一・九％（男性一九・一％、女性二四・五％）、このうち、「七五歳以上」は、一三〇八万人（男性四九三万人、女性八一五万人）で、総人口の一〇・二％（男性七・九％、女性一二・五％）を占めている。

この有権者構成の変化、そのなかでも「超高齢社会」への突入は、「近代的感覚、カッコいい選挙にも留意し、陣営の鮮度保持に努力しよう」という言い方が求める戦術にも変化を促している。すなわち、「若い世代」向けの選挙戦術に重点を置くのではなく、「高齢者」向けの戦術への切り換えを要請しているのである。六五歳以上の高齢者の比重はますます重くなっている。「高齢者」への配慮を軽視すると、選挙に勝てないことを意味している。

天皇陛下が平成二〇（二〇〇八）年四月一七日、東京・元赤坂の赤坂御苑で開かれた「春の園遊会」で、年金問題に取り組んでいる「年金記録確認第三者中央委員会」の梶谷剛中央委員会委員長に「日本の復興を支えた人たちが、安らかに過ごせるようにね。よろしくね」と話された。

あいにくの雨の中、皇后両陛下主催の園遊会に招待されたのは各界の功労者二〇〇〇人。天皇陛下は大相撲の横綱・白鵬、宮崎県の東国原英夫知事らにも声をかけられたのだが、だれに声をかけるかは、宮内庁が天皇陛下と事前に打ち合わせされており、お言葉の内容も予め決められている。

この日は、新しくスタートした後期高齢者医療制度により、七五歳以上高齢者の年金から保険料の天引きが始まって二日目で、全国各地の混乱状態や「新しい姥捨て山だ」という批判の声などが報道されている最中だった。天皇陛下は高齢者の不安を心から案じられ、医療政策に直接関係のない梶谷委員長へのお言葉を介して自民・公明連立の福田政権をやんわりと批判されている心情が読み取れた。

朝日新聞朝刊（平成二〇年五月二日付）が、福田政権の支持率が「二〇％」に低落した、と報じていた。やることなすこと、庶民感覚からズレた政策を続けている報いが、この悲惨な数字となって表れている。福田康夫首相にとって庶民の生活は、「他人事」なのだ。これを庶民は、しっかりと感じ取っている。政治日程は、福田政権の退陣、自民党総裁選挙、新内閣発足、任期満了による総選挙、自民党の大敗、民主党政権樹立へと進んでいくことが予感される。小沢一郎政権の誕生である。不毛な派閥抗争をいつまでも続けている暇はないのである。

●政治家にとって、「支持者名簿」や「後援会名簿」は、かけがえのない宝である

「十ケ条」の第四条「拠点づくりを急ぎ、点を線で結ぼう。点はまず身近な者、親類縁者、同級生、学校の同窓関係から、それを線に継ぎ、拡大を図ることが肝要。支持者カード、政治地図を作成しよう」について。

政治家にとって、「支持者名簿」や「後援会名簿」は、かけがえのない宝である。この宝を多く増やしていくことが、当選につながる。それには、選挙運動は、地道な努力の積み重ねが大事である。小沢一郎は昭和四四（一九六九）年四月、総選挙に立候補する決意をして当時、自民党幹事長だった田中角栄に面会を求めて、一人で挨拶に行った。田中は、笑顔を浮かべながら迎えてくれた。

田中は、初対面の者に面会する際には、必ず事前に「個人ファイル」に目を通しておくのを習慣にしており、小沢が挨拶にきたとき、すでに数千人の支持者を集めているという情報を入手していた。小沢は、運輸相などを歴任した小沢佐重喜（代議士）を父に持つ二世であったから、親の財産のような支持者がたくさんいて当然であった。

しかし、いかに世襲政治家になるとしても、先代とは違う「独自の人脈」があり、それを固めることから始めなくてはならない。先代の支持者が、無条件に世襲政治家を認め、支持してくれるとは限らないからである。なかには、「先代には義理があっても、息子には何の義理も

ない」と言って反発したり、反感を抱いたりする者もいるのである。

小沢は、郷里である岩手県水沢市内の小中学校時代の同級生や知人、友人に積極的に声をかけて、支持者を糾合しつつあったのである。田中は、選挙の基本である「拠点づくり」に着手していた小沢を高く評価したのであった。

民主党が、自民党という巨大な城を攻め落とそうとするからには、この城を支えている石垣や櫓を突き崩し、手中に入れてしまわなくてはならない。自民党という城には、地縁、血縁、情実はもとより、さまざまな利権や利害で固く結びついた多数の個人や集団でひしめいている。これらの絆を解き放ち、バラバラにしてしまう必要がある。それには、解き放つべき絆の正体を見極めるのが、先決である。それがはっきりとわかれば、そこに猛攻撃をかければよい。

民主党には、とかく「足腰が弱い」と言われて、強力な個人後援会組織を築いていない候補者が少なくない。どちらかと言えば、政策よりも「若さ」を売り物にしたり、「選挙ムード」と言われる「風頼み」によって、当選を図ろうとする傾向が強かった。それゆえに、「幽霊政党」と揶揄されてきた。衆議院小選挙区、比例区のような「政党選挙」の色彩が濃厚になればなるほど、候補者個人の「個性」が投票行動に重きをなさなくなってきているとは言うものの、「個人後援会」づくりによって、足腰を強化している候補者ほど、力強いものはない。それがひいては、間違いなく民主党の基礎体力となり、「国民政党」の資格を得ることに貢献する。

●大小様々なイベントを可能な限り開催して、「名前の浸透」を図らなくてはならない

「十ケ条」の第五条「行事は早めに企画し、大きな集会と併せ、部落、学区ごと等、キメこまやかな座談会も企画し、末端に強く浸透する努力が必要」について。

商人にとって「タイム・イズ・マネー」であるように、候補者にとっては「タイム・イズ・票」である。「拠点」が増えていけば、それに応じて、シンパや支持者の個人宅などに地域の人々に呼びかけて行う少人数の「ミニ集会」や「座談会」から、文化会館やホテルの会場に多くの支持者を集めて人々を集めて開催する「大演説会」や「総決起大会」まで、大小様々なイベントを可能な限り開催して、「名前の浸透」を図らなくてはならない。これは駅頭での「街頭演説」や「辻説法」、あるいは、「行脚」とは違った「組織力」の強化につながる。

立候補を決意してから、選挙の投票日まで時間がたっぷりあるように感じても、実際に活動し始めると、意外に時間が少なく感じるものなのである。いろいろな会合を掛け持ちしながら、「分きざみ」「秒単位」で、会場から会場へ渡り歩く毎日である。候補者の多くは「どれほどの効果があったのか」疑問になり、日々の活動に不安を感じるようになる。それは、「大海に釣り糸を垂れる」「砂漠に水をかける」のと似たような感覚と言われている。そうした不安を払拭しながら、それでもなお、歩き続けなくてはならない。

選挙戦が始まると、五〇〇件、六〇〇件の会合に出て、政策を語り、名前を覚えてもらう努力を続ける。まさしく、修行僧の荒行を経て、当選圏内にたどりつけるものなのである。

●「強敵」の懐にもどんどん飛び込んで行け

「十ケ条」の第六条「食わずぎらいはいけない。反対派の支持者とみても、あたってみよう。先手を打って頼んでみる努力が意外に功を奏す。」について。

自民党にからみついた絆とは何か。大雑把には、以下のようなものがピック・アップされる。これらは民主党が立ち向かわなければならない「強敵」といってもよい。そんな「強敵」の懐にもどんどん飛び込んで行かなければならない。

第一の強敵は、政治権力の本質をなす「逮捕権」「徴税権」のうち、「徴税権」が吸い上げる「税金」に群がる集団。中央省庁の権益を司る官僚群とその応援団である政治家集団やいわゆる「族議員」、あるいは業界団体である。

たとえば自民党官僚政治家や各種業界団体代表の政治家、日本経団連、経済同友会、日本商工会議所、商工会、幼稚園連合会など。とくに公共事業予算をアテにしている建設・土木業界は、これまで自民党の強力な支持基盤であった。

第二の強敵は、中央省庁管轄の各種団体、法人である。厚生労働省に診療報酬や薬価基準の決定権を握られている日本医師会、日本歯科医師会、日本薬剤師会など。

第三の強敵は、中央省庁を氷山の頂点にして、その下部で深く根を張っている公社、公団、特殊会社、独立行政法人、特殊法人、社団法人、財団法人など。

第四の強敵は、伝統的な保守基盤の上に成り立つ集団である。たとえば、特定郵便局や農協、水産漁業関係団体、山林組合などの団体。

第五の強敵は、地域を取りまとめるさまざまな集団である。たとえば、自治会、消防団、女性団体、老人会など。

第六の強敵は、自民党の党員、党友である。

第七の強敵は、自民党政治家の個人後援会員である。

第八の強敵は、地域に根ざすいわゆる「選挙のプロ」である。

第九の強敵は、自民党に好意的・友好的な宗教団体である。たとえば、神社本庁、仏教会、立正佼成会、霊友会、統一協会など。

第一〇の強敵は、保守的思想を持つ一般の熱烈な自民党支持者である。

これらは、いずれも本当に「攻め落としにくい相手」ではあるけれど、バブル経済崩壊以後の平成大不況下で、「自民党の失政」に批判的な個人や集団が増えつつあり、その結束や絆は、以前ほど固くはなくなってきている。

さらに第一一の強敵は国民・有権者の約六〇%を占めるに至った「無党派層」である。これを取り込まなくてはならない。投票率が低ければ、自民党や公明党、共産党といった組織政党に有利になり、高くなれば、民主党が有利になると言われているので、「魅力ある政党」のイメージづくりに懸命になる必要がある。最近は、「無関心層」「無関係層」が増殖しつつあり、これらを引きつけることも大事な作戦である。

●「支持者メンテナンス」は、支持母体や後援会の強化には、どうしても必要

「十ケ条」の第七条「頼みっ放しは駄目。人をかえ、点検を綿密に行うことが絶対肝要」について。

人の心はうつろいやすい。「一夜にして変わる」とも言われている。今日、協力を約束してくれたかと思って安心していると、次の日には、「ライバル陣営」に丸め込まれて、敵になっていたという話は、よく聞かれる。有権者は、それぞれが、複雑な利害得失のなかで生活し、付き合いや仕事をしている。よほどの利害がなければ、一票一票は、どの候補者に投票してもよいのである。しかも「秘密投票」が憲法で保障されているので、だれに投票したかは、わかりにくくなっている。だから、支持を取り付けたからと言って安心してはいられない。相手の心を疑うつもりはなくても、「心離れ」は心配のタネである。

有権者、なかでも支持を約束してくれた人たちの心をつかみ続けるには、繰り返し接触して会話を交わしたり、相手と親しい人たちにも依頼して、「仲間意識」を高めたり、「心情」を共通にするなど「心の接着剤」を強めていくしかない。「支持者メンテナンス」は、支持母体や後援会を強化するには、どうしても必要である。この意味で「悪弊」や「陋習」との批判はあっても、やはり「冠婚葬祭」への出席は、欠かせないのである。問題は金銭的な付き合いを

いかに改めるかにある。

●有力者に共感を与えて、全面協力を仰ぐことができれば、鬼に金棒である

「十ケ条」の第八条「接触度の高い活動家や人望のある人を陣営に組み入れ、口コミ作戦を重視、展開しよう」について。

地域には、「選挙好き」な活動家が少なからずいるものである。そのなかには、「政治ゴロ」と言われ、「政治活動」や「選挙活動」を生業にしている者もいる。しかし、「金権政治の打破」や「政治倫理の確立」が叫ばれて、政治改革が進んでくるなかで、これらの「政治ゴロ」が排除され、生息しにくくなってきているのも事実である。

清潔な選挙を実現するには、基本的に「ボランティア活動」により、買収や供応などの不正とは無関係な活動家の参加を増やすことが求められる。地域の有力者のなかには、清廉潔白、高潔な人物がいる。これらの人物は、多数の人脈を持ち、地域社会に多大の影響力を発揮する人も少なくない。一般の有権者に訴えるとともに、有力者に共感を与えて、全面協力を仰ぐことができれば、鬼に金棒である。

●選挙は、辻説法にはじまって辻説法に終わる

「十ケ条」の第九条「得票は一票一票、足でかせぐこと。一票一票が積って山をなし、当選と

なる。（千里の道も一歩から――）」について。

小沢一郎は、選挙の名人である。平成一九（二〇〇七）年七月二九日の参議院議員選挙でこのことを見事に実証してみせた。今度は、次期総選挙でその選挙のプロとしての腕前を国民の目に再現しなくてはならない。

小沢が、選挙のプロと言われるのは、「選挙必勝のセオリー」を基に、幾多の選挙戦の最前線で血みどろになり、奮戦してきたからである。その経験の積み重ねがあってこそ、「選挙のプロ」という名声を博しているのである。

小沢は田中からドブ板選挙のコツを教えられた。

「選挙に勝つには、辻々で説法し、一人で三万軒を回る覚悟が必要だ。選挙区内の神社の石段が何段あるかも知っているくらいでないといけない。いいか、思い切ってやれ、必ず応援する」

田中流の選挙は「辻説法にはじまって辻説法に終わる」と説かれているほど、徹底した戸別訪問を原則としていた。足に血豆ができ、それがつぶれても歩き続けるのである。

恩師から適切なアドバイスを得て、やがて大政治家へと大成していく。人生には、大事な岐路に立ったときのたった一言が、決め手になるほど貴重である。田中の言葉には、自らの体験を踏まえた力強さがあり、小沢は大いに励まされた。

小沢一郎は、戦国武将に当てはめれば「徳川家康」に似ている。小泉純一郎前首相が、合戦の天才と言われた織田信長に心酔して、「現代の信長」を気取り、「郵政解散」という奇襲戦法により、平成一七（二〇〇五）年八月八日、衆議院を解散し、自民党に圧勝をもたらしたのとは好対照をなしている。徳川家康が、織田信長がみせた桶狭間の合戦のような奇想天外な奇襲戦法が得意ではなかったように、小沢は、小泉前首相のような「奇手奇略」を発想しない、晩年の「狸爺」という煮ても焼いても食えぬ老獪な政治家のイメージが定着しているけれど、実際は、合戦の最前線に駆けつけて敵との白兵戦を得意とする「野戦」の名人であった。

小沢一郎は民主党代表選挙で勝ち代表に就任すると、直ちに、平成一八（二〇〇六）年四月二三日投票の衆院千葉7区の補欠選挙に突入し、自らが「陣頭指揮」を取り、「ドブ板選挙」を実践してみせた。

民主党を悩ましていたのは、「公明党・創価学会」の「組織選挙」だった。自民党公認の斎藤健候補（前埼玉県副知事）を推薦しているだけでなく、公明党が選挙戦終盤の四月一九日になり、「斎藤健選挙対策本部」のなかに、公明党専用の「ブース」を設けて、千葉補選に関して本腰を入れているという情報が飛び込んできた。このため悲観的要素はますます大きくなってきた。

フタが開いてみると、勝利の女神は、民主党に微笑み、辛うじて勝利した。民主党公認の太田和美候補が、八万七〇四六票、自民党公認・公明党推薦の斎藤健候補（前埼玉県副知事、経済産業官僚）が、八万六〇九一票という結果だった。太田候補が「九五五票の僅差」で斎藤候補を破って勝利し、「小沢民主党」が緒戦を飾ったのである。

当日の有権者数は三八万六六〇六人、投票率は四九・六三％（前回総選挙六四・七五％）だった。実は、衆参両院の補欠選挙や千葉県知事選挙では、概ね三〇％を少し上回る程度が常で、この程度の低投票率では、組織力をバックにした候補者が有利になり、無党派層が投票に行き、投票率が四〇％を上回れば、組織力の効果が薄れるというジンクスがある。この経験則から、衆議院千葉7区の補欠選挙では、「四〇％を超えれば、民主党が有利」と予測されていた。

小沢はこの緒戦勝利の勢いを活かし、悲願の「政権交代」を目指して、まず、二〇〇七年七月の参議院選挙を勝利し、さらに次期総選挙でも勝ち進もうとし、早速全国行脚を始めた。戦略が決まれば、動きは早い。全国行脚とは、全国を股にかけての「ドブ板選挙」である。

小沢は平成一九（二〇〇七）年七月二九日の参議院議員選挙では、農村部が中心の日本海側や中山間地域である「一人区」（二九選挙区）にターゲットを絞った。各政党は、七月の参議院議員選挙に向けて、事実上、選挙態勢に突入した。国民投票法案が一四日の参議院本会議で可決成立するか否かは、改選議員には、「わが身がどうなるかが心配」となり、気もそぞろで法案どころの騒ぎではなかった。

前向きではなく後ろ向きでは、国民に明日への夢を抱かせることはできない。安倍自民党が「憲法改正」を、小沢民主党が「生活維新」を争点にした。

しかし、小沢が、「生活維新」に焦点を絞って、国民の心に訴えようとした判断は、大正解だった。戦術が成功を博したのである。

「勝って兜の緒を閉めよ」

小沢一郎は、参議院議員選挙に勝利した美酒に酔う暇もなく、次期総選挙に勝ち、「政権交代」を図るべく、全国行脚の旅に出た。

だが、総選挙では、前回「郵政民営化賛否を問う選挙」に敗れた候補者の返り咲きを図る戦術に力を入れている。小泉の奇策にかかり、平成一七（二〇〇五）年九月一一日の総選挙では、民主党大敗の陰で、「小沢親衛隊」というべき子飼いの衆議院議員が多数落選しているからである。小沢自身が選挙の総指揮を取ったわけではなかっただけに、痛恨の極みであったに違いない。

自民党は、参院選挙大敗で「ショック死」状態にあり、小沢一郎は「敵が混乱している隙を狙え」と民主党全組織に檄を飛ばしている。小沢は重要な役職に就いていない若手国会議員には、「徹底的にドブ板選挙を行え」と指示している。

●「目標、ただ一点、政権交代を図る」

小沢一郎は、民主党の代表として平成一九（二〇〇七）年一〇月二三日から次期総選挙に向けて北海道入りしたのを手始めに全国行脚を開始した。当初の予定より約一か月遅れのスタートだった。小選挙区（三〇〇）のうち公認候補者が未定の「空白区」（九〇選挙区）を優先的に回り、選定を急ぎ、一二月末までに全選挙区での候補者擁立を完了する作戦だった。全国三〇〇選挙区のうち、九七選挙区で候補者が未定だったが、小泉純一郎（元首相）の神奈川11区をはじめ、自民党強豪の選挙区に若手候補者を積極的に投入して、強気の姿勢で臨んできた。

だが、次期総選挙では、とくに東京、名古屋、大阪、福岡など人口密集地である主要都市を最重点区としている。参議院議員選挙で歴史的大敗をした自民党は、三〇五議席の死守と「自民党支持層の奪還」を目指し農村部に力点を置いた動きをしている。

小沢は、その裏をかくかのようにいわば「陽動作戦」を展開中である。「政治家として最後の大決戦となる「オセロゲーム」に王手をかけ、「総理大臣」をつかもうと本気である。

●「風頼みでは負ける」

「十ケ条」の第一〇条「人気だけでは決して勝てない。人気よければ陣営が弛み、対立候補に乗ぜられる。最後まで危機意識に燃え、強固な団結と強固な必勝の信念を持って頑張ろう」についで。

参議院選挙の投票を目前にして小沢一郎が険しい表情で言った。

「こんな状況では、五五議席には届かない」

平成一九（二〇〇七）年七月一七日、東京都千代田区にある民主党本部役員室にピーンと張りつめた空気が支配した。

代表の小沢一郎、代表代行の菅直人、幹事長の鳩山由紀夫がテーブルを囲み、数字がビッシリ詰まった書類に目を凝らしていた。

新聞各社の朝刊は、一面トップの紙面で、「民主党優勢」と大見出しを派手派手しく張っている。三人は、同月二九日に迫った投票日に向けて、「選挙情勢」を分析していた。

民主党は目標を五五議席に設定していた。これを軽々と達成するのは確実であるかのような数字である。

「事前の数字がよすぎる」

最も危惧したのは、小沢自身だった。確かに、劣勢が伝えられていた自民党候補者は、みな目つきが変わり、死にものぐるいになっていたからである。民主党の候補者の多くは、初出陣の者が多く、それだけに最後の最後まで気を抜くことができない。分析の結果、多くの選挙区で「緩み」があるとの認識で三人は一致した。

民主党の候補者の選挙基盤は甘い。選挙区で幟を立てて、スピーカー抱えて、叫んでいるだけが選挙運動だと思っている。日常的に自ら選挙区を回り、三万戸でも、五万戸でも戸別訪問するというドブ板選挙を行って支持者を掘り起こしてきたような人が少ない。

「風頼みでは負ける。風向きは、直前に簡単に変わってしまうことがある」

風を頼りにしてはいけない。このことは、小泉純一郎前首相が平成一七（二〇〇五）年、前回の衆議院選挙で実証済みであった。「郵政解散」のような風が吹いたら、半数は一気に討ち死にしてしまう。

報道機関の世論調査の結果に浮かれている場合ではなかった。気を引き締めて「擂鉢山《すりばち》」へ突撃敢行するように懸命にならなければ勝てない。

民主党の小沢一郎代表は、このフォローの風に対して、「気を緩めるな」と檄を飛ばしているという。報道機関の世論調査の結果に浮かれていると、足下を掬われる。「油断大敵」である。「あと一歩の戦い」と気を引き締めて、「擂鉢山」へ突撃敢行せよ。

小沢が厳しく戒めたのを受けて、民主党はこの日、小沢代表名の「檄文」を急遽作成した。タイトルは、緊迫感を滲ませていた。

「緩めば負ける。必死で戦え」

事務局は早速、全国各地で戦っている所属議員や候補者陣営にメールやファクスで、この檄文を発信した。

「次期総選挙の決戦場は、都市部」と檄を飛ばしている民主党の小沢一郎代表が、福田政権が自壊するまで攻め続けるという「長期戦略」に転じ、「完全な総選挙態勢に入りたい」と決意表明した。その直後、「小沢氏が東京12区に選挙区替えするつもりらしい」という情報が国会周辺を駆けめぐり、自民・連立与党に激震を与えた。公明党の太田昭宏代表（東京12区選出）

が最大の標的にされて、公明党と支持母体・創価学会は、大ショック。それでも「小沢さん一流のブラフだ」と懸命に平静さを装さている。選挙戦は、手をかえ、品をかえての駆け引き、そして情報戦で左右される。

小沢自身、「東京12区に選挙区替えするとは言っていない。秘策はバレてしまえば、秘策にならなくなる」と思わせぶりに否定。以前から「おれは東京から出る」と宣言とも聞こえる発言を側近たちにしばしば漏らしてきており、「秘策が漏れたので、煙に巻こうとしているのでは？」と疑心暗鬼を招き、かえって現実味を増している。

それというのも、昨年秋、福田康夫首相との党首会談で、自民・民主両党の「大連立構想」が話し合われた際、小沢が「公明党を切って欲しい」と福田首相に要求したと言われている。党首会談で何が話し合われたのか、真相は謎のままだ。小沢は、創価学会の池田大作名誉会長の寵児と言われる太田を嫌う姿勢を示している半面、かつて「一・一ライン」と呼ばれた市川雄一元書記長らの人脈とは友情関係を維持しており、公明党内に「太いパイプ」を保持していると言われている。このため、小沢が、「政権交代」に向けて「公明党・創価学会」とどういう関係を構築しようとしているのか、その「戦略」が注目されている。

一方、小沢の地元・岩手4区では秘書として二〇年間仕えた高橋嘉信が平成二〇（二〇〇八）年五月一〇日、盛岡市内で「本日をもって小沢一郎先生に挑戦することを宣言する。小沢先生は政策、政治手法、姿勢において間違っているということをはっきり申し上げる」と言って小沢一郎の選挙区である岩手４区から自民党公認候補として出馬する意向を表明。小沢が本当に東京12区から出馬すれば太田の刺客に、高橋が小沢の刺客にと凄まじい子弟対決の構図になりそうである。

●国民新党推薦の民主党候補を「全国郵便局長会」が支援に合意する

民主党が選挙で勝つためには、他の野党との選挙協力をどうするかも、大きな課題である。民主党の小沢一郎代表と国民新党の綿貫民輔代表との党首会談（平成二〇年七月一六日）で、民主党が衆院選公約に郵政民営化の見直しを明記し、国民新党推薦の民主党候補を郵政局長の政治団体「全国郵便局長会」（約二万人）が支援することで合意している。

小沢、綿貫両氏は、羽田孜元首相、渡部恒三元衆院副議長とともに昭和四四（一九六九）年当選組の同期生。お互いに気心を知り尽くしている間柄である。

小沢は、国民新党が次期総選挙に向けて、「党としては資金的に支援できない。それでも立候補したいのであれば公認する」（亀井静香代表代行）と立候補希望者に引導を渡しているほど台所事情が苦しく、「このままでは、先細りになる」との危機感に苛まれているのを知っている。国民新党が、前回参議院議員選挙に惨敗し、巨額の借金を抱えて、返済に四苦八苦しているからである。

国民新党の現有勢力は、衆議院議員四人、参議院議員四人の計八人である。総決起大会（平成二〇年六月五日、東京・紀尾井町のホテルニューオータニ）では現職のほか、非現職八人の公認を内定した。

だが、資金難は現職を直撃し、選挙に強いと見られている亀井静香氏、綿貫民輔代表、亀井久興幹事長、糸川正晃国会対策委員長の四人すらいまや「危険水域」にあると言われている。

一方の綿貫は、小沢が「政権交代を果たせなければ、政界引退に追い込まれる」と見ており、「自民党の牙城だった郵政票をノドから手が出るほど欲しがっている」と踏んできた。両人とも相手の足元を見て、党首会談で合意にたどり着いたわけである。

だが、肝心の郵政票が、一丸となって民主党候補になだれ込むかどうかは疑問である。とくに都市部では、郵便局長や局員のなかには、勤務地と居住地が別々という人がかなりいて、特定候補を集中的に支援できる状態にはないという。だが、両党ともにお家の事情を抱えているので、この合意書が「ただの紙切れ」になってしまう恐れが早くも取り沙汰されており、作戦を間違えば、「とらぬ狸の皮算用」となる。

●平沼赳夫に秋波を送り続ける

これより先、鳩山由紀夫は、民主党所属の川上義博参議院議員から「平沼赳夫元経済産業相の新党結党に協力して欲しい」と猛烈なアタックを受けた。

川上は、郵政民営化関連法案に反対し「造反組」のレッテルを貼られて前回総選挙の際、小泉純一郎元首相から刺客を送られて落選、民主党の小沢一郎代表から熱心な勧誘を受けて参議院議員選挙に鳥取選挙区から鞍替え立候補して当選し、中央政界に返り咲いていた。やはり自民党「造反組」で、いまは無所属に甘んじている平沼を民主党に引き込もうと画策していたのである。

自ら仲介の労を取り、平成二〇（二〇〇八）年四月二八日夜、東京都内の料理屋で小沢、平沼両人を会わせ、その場で平沼の入党を煽り立てた。

これに対して、小沢が、「平沼新党を立ち上げて戦った方が、政党助成金や政党掲示板などの面で得策」と新党づくりを勧めていた。

新党づくりに協力するとなると、民主党の金庫番である鳩山の了解は、絶対条件となる。川上が平沼との仲立ちをしつつ、鳩山が「ウン」と言えば、平沼新党は確実に実現し、小沢別働隊としての活躍が期待される。

だが、新党結党には、準備金として最低でも約三億円が相場とされており、何はさておいても資金を調達しなければならない。鳩山には自民党を離党して新党さきがけをつくり、小選挙区比例並立制度が実施される直前に、民主党を結党し、苦労した経験がある。同年五月一二日午後、国会近くのビル内にある個人事務所に川上の訪問を受けた鳩山は、

「新党づくりには、巨額の資金が必要である」

とアドバイスし、民主党からの立候補を要請したようだった。新党づくりにエネルギーを消

耗しない方が得策という判断である。

しかし、平沼には、民主党からの立候補を即決できない事情があった。小泉純一郎首相から女刺客（「くノ一」）、片山さつきを送り込まれ、七四八票の僅差で落選した静岡7区の城内実前衆議院議員ら「造反組」に資金援助して面倒を見てきており、これらの同志が平沼新党結党を待ち望んでいる。たとえば、城内の選挙区には、民主党候補予定者がすでに決まっており、新党ができなければ城内は無所属で立候補せざるを得ず、平沼だけが、民主党候補者として出馬し、同志を見捨てるわけにはいかないのである。

平沼は平成二〇（二〇〇八）年七月一九日、青森市内で記者会見し、そのなかでこう力説した。

「新党は拙速を避け、じっくり考える必要があるが、つくるのなら総選挙の前が望ましい」

資金調達さえできれば、新党を結党したいという意欲を示唆したのである。だが、それに失敗した場合はどうするのか。

「保守を結集軸に、国民新党との協力も視野に入れたい」

だが、その国民新党は、すでに民主党との協力関係を結んでいるので、聞きようによっては、同志を引き連れて国民新党に合流する意向とも受け取れる。その場合、民主党候補予定者とのバッティングが避けられず、平沼にとっては悩ましい問題である。

この同じ日、鳩山は、平沼の地元である岡山市内で記者会見していた。

「平沼氏は、自民党と距離を置いて活動している。その信念が変わらない限り、一緒に自民党政権を倒したい」

平沼が民主党候補者として立候補してくれることをあくまでも熱望しており、秋波を送り続けるという意味である。しかし、「保守の中の保守」をかたくなに守ろうとしている平沼の「決断力」は鈍く、鳩山の片想いになる可能性の方が大である。

●鳩山由紀夫が小学校の同級生・橋本大二郎を勧誘する

鳩山由紀夫は、橋本龍太郎元首相の腹違いの弟である橋本大二郎前高知県知事が次期総選挙に高知１区から立候補を予定しているのを聞いて、勧誘の手を差し伸べている。鳩山と橋本は、学習院初等科の同級生である。平成二〇（二〇〇八）年五月二七日、東京都内の日本料理店で橋本と会食した際、こう水を向けた。

「できれば、協力していただきたい」

政権交代を目指し、民主党からの立候補を強く要請したのである。橋本は、すかさず答えた。

「一緒にやっていけることは、いくつもある」

だが、民主党からの立候補要請には、首をタテに振らなかった。

「新党を考えている」

これに対して、鳩山は、新党づくりの大変さを説明した。

「新党は私も一度経験したけれど、二度とやりたくないよ。まずはお金がかかる」

高知県では、小沢一郎代表の側近・平野貞夫元参議院議員が民主党高知県支部連合会会長を務めたことがあり、文字通り平野の牙城である。橋本が「大二郎党」を名乗り立候補すると、民主党候補者との激突は、必至となる。こうした背景を念頭に、鳩山は、「できれば、橋本氏とのガチンコ対決は避けたい」と粘り強く勧誘活動を続けようと決意したようだった。

橋本が「大二郎党」の旗印を掲げて、次期総選挙への立候補宣言をしているのに対して、中央政界では「一人党か」と冷笑気味に受け止めており、鳩山は、「竹馬の友」の行く末がよほど気がかりらしい。

●民主党と社民党が秋田1区、2区、3区で選挙協力する

一方、社民党との選挙協力についても民主党は、懸命に取り組んでいる。小沢一郎は平成二〇（二〇〇八）年七月一日、秋田市内での記者会見で、

「秋田1区、2区、3区での選挙協力について合意した」

と正式に発表した。具体的には、次のような内容である。

「民主党が2区で社民党候補を、社民党が1区と3区で民主党候補を推薦する」

秋田県は、むかしから「自民党の牙城」と言われてきた。それでも前回、「小泉旋風」が吹いていたにもかかわらず、1区では、民主党の寺田学が当選している。2区は、野呂田芳成元防衛庁長官が、「造反組」を理由に自民党公認を得られず、刺客を送り込まれながら、当選を

果たし、無所属となっている。小沢一郎は、草刈場になっている野呂田票を社民党候補に吸収させる作戦なのである。

3区は前回、民主党候補・京野公子（八万二四八〇票）が、いま一歩のところで落選し、自民党の御法川信英衆議院議員（一一万四二二八票）に議席を取られてしまっている。この選挙区は、村岡兼三元官房長官の選挙区だったところである。村岡は、橋本龍太郎元首相が日本歯科医師会長から受け取ったと言われる「一億円の小切手」の政治資金処理をめぐり政治資金規正法違反罪に問われて、最高裁で執行猶予付きの禁固刑という有罪判決を受け、自民党に恨み骨髄である。

このため、自民党票が御法川に集中することは考えられず、自民党離れした票が、小沢一郎が指揮をする民主党に流れる可能性が高い。小沢と村岡が、自民党竹下派のかつての仲間だった関係が、民主党に有利に働くのである。

●共産党票の行方

共産党との関係は、「野党共闘」という名の下で、国会内でのいわゆる「院内共闘」や院外での政治活動の一部で共同歩調を取る場面は、これまでも何度かあった。だが、選挙協力となると、簡単ではない。大政党である民主党が、弱小政党である共産党候補者を推薦したり、まして支援することはあり得ない。

共産党は、旧大選挙区、旧中選挙区制度時代から全選挙区に候補者を擁立してきた。これは、たとえ当選者を出さなくても、共産党への支持勢力を計量する目的があったからである。

しかし、志位和夫委員長は平成二〇（二〇〇八）年七月一一日から始まった共産党の第六回中央委員会総会（6中総）で、幹部会報告として、

「次期衆議院選で六五〇万票（二〇〇五年衆院選は四九二万票）の比例票獲得を目指して、新規党員を二万人以上獲得する」

など述べ、党勢拡大に重点を置く方針を発表した。これは、一二日の総会で承認された。

すなわち、次期総選挙からは、三〇〇選挙区のうち一四〇選挙区に絞り、候補者を擁立し、たとえ前回同様、当選者ゼロでも、比例代表（一八〇人）の全国一一ブロックで、六五〇万票獲得、現有勢力九人の確保を目指すということである。

共産党はこのところ、機関紙「しんぶん赤旗」の売れ行きが低迷しているうえに、国からの政党助成金も受取りを拒否してきた。全小選挙区に候補者を擁立すると、供託金一人三〇〇万円、計九〇〇〇万円は、法定得票数に達せなければ、国に没収されてしまい、莫大な運動資金を含めると、財政負担は大変な重荷になっていた。一四〇選挙区に絞るのは、その負担を極力軽減しようというものである。

この決定により、共産党が候補者を擁立しない一六〇選挙区の「共産党票」がどの政党に流れていくのか、あるいは、どこにも流れず棄権票となるのかが、注目されるところとなってい

る。「野党共闘」という関係から、民主党は、「共産党票が上積みされる」と期待しているのだが、甘い見通しは許されていない。

鳩山由紀夫が平成二〇（二〇〇八）年七月二三日、千葉県我孫子市内での講演で、「次期衆院選のマニフェストに、衆議院議員定数（四八〇）の二割削減を盛り込む」との方針を明らかにした。これに共産党はじめ社民党などが警戒心を強めているのが、マイナス材料となっている。小選挙区の定数（三〇〇）は削れないので、比例代表（一八〇）が削減対象となり、九六減の八四議席になれば、とくに共産党のように比例代表のみで議席を得ている弱小政党は最悪の場合、一議席も取れなくなるからである。ちなみに、社民党は、現有七議席のうち、小選挙区はわずか一議席（沖縄２区）のみで、六議席が比例代表であり、こちらも壊滅状態に陥ってしまう。

鳩山は「行政改革をやるために、まず自分の身を切るところからスタートさせたい。第一段階として二割削減を次のマニフェストに必ず載せる」と明言しており、完全二大政党時代を志向しているのだ。

第5章　小沢一郎という存在

●弱点となっている「体質」を克服しておくべきである

冷静な目で見て、民主党は、様々な欠点を持っている。その最大なものは、民主党自体の「体質」である。

それは、大きく分けて、次のような「五つの体質」である。

（1）「寄せ集め雑居」体質
（2）「ホームルーム」体質
（3）「ポピュリズム」体質

（４）「万年野党安住」体質
（５）「労組依存・幽霊」体質
（６）官僚出身政治家の「忠誠心の薄い」体質

●「ホームルーム政党」「オンブズマン政党」の域を出ていない

民主党の面々は「政権交代」を提唱しているが、「政権奪取意欲」が希薄である。政権交代は、血みどろの権力闘争であり、生易しいものではない。権力闘争は学校のホームルームとは違うのだ。

政権政党になるためには、「国民統治の意識」を持たねばならない。国民統治は、権力の行使であり、その政治権力の本質は、「徴税権」と「逮捕権」を握るということである。市民運動や地方分権を主張するだけでは、政治権力を適正に行使できず、ましてや、国民統治はできない。

この意味で、民主党は、まだ「ホームルーム政党」「オンブズマン政党」の域を出ておらず、政権を担う政党の体をなしていないとも言える。

若手議員がヘソを曲げると、「仲良しクラブ」の和に多少の乱れが生ずる。この点を改め一刻も早く「仲良しクラブ」から脱出すべきである。意に沿わない国会議員は、老いも若きも速やかに脱党し、新たな「仲良しクラブ」を結成してお互いの傷を舐め合うしかない。

政治は、政治家のためにあるのではない。国民のためにあることを改めて自覚し、厳しく自戒すべきであるからだ。

前述したように民主党は、結党の当初から「二枚看板」が好きな政党である。まずは、菅直人と鳩山由紀夫による「二人代表」だった。今は小沢一郎が代表である。しかし菅と小沢が、合流に合意して以来、仲良く揃って全国行脚している姿を知れば、この政党が、菅と小沢の二つの顔を持っているのは、自明のことである。それは、まるで双頭鷲のように「顔」が二つ並ぶ。

二人の実力者のうち、片方だけを全面に押し出すと人間関係のバランスが崩れるので、「二枚看板」にせざるを得ないという党内の都合からであり、決して国民・有権者の立場を意識したものではない。おまけに、国民人気の高い二人を「人寄せパンダ」にしておけば、ダブル効果により票が増えるはずだという「我田引水」の打算からの作戦にすぎず、これもまた、国民・有権者の利益を考えてのことではない。

これだけならまだしも、国民・有権者は、一体どの顔が、この政党を象徴する本当の顔なのかに迷わされる。

政党の「代表」は、文字通り政党の「看板」であり、それは、「代表」自身の歴史観や政治思想・哲学、政治理念や政策、キャリアや実績、さらに人物そのものの魅力を通して、政党が何をしようとしているかを象徴している。

ところが、「二枚看板」が、すべてにおいて一致しているのであるならまだしも、それぞれが独特の個性を持ち、まったく違う考え方の持主である場合、国民・有権者は、どちらの顔が政党のいまの真実を象徴しているのかの見分けがつかなくなる。強いて言えば、「二人看板」を立てざるを得ないという現状をそっくりそのまま表していると割り切って見るしかない。

民主党は、その結党時の経緯から一種の「雑居集団」になっており、決して一枚岩でなく、常に分裂の要素を持つ不安定な政党である。

●政党としてのアイデンティティを確立、徹底させなければならない

民主主義社会における政党は、国民のための政策を実現する公的機関である。常に、特定の階層に奉仕する階級政党ではなく、すべての国民に奉仕する国民政党として、幸福社会を築く使命がある。使命を達成するため、「三つの機能」を最大限発揮して、国民から与えられた役割を果たさなければならない。「三つの機能」とは、以下の通りである。

①政治家が国民を代表して、国民のために官僚をよく使いこなす。

②国民から付託された制限時間内に、政策を完遂し、結果を出す。

③自由闊達で活発な大きな格差のない幸福社会を築く。

民主党は、これらの使命、機能、役割を十分に果たせる政党と言えるであろうか。もし、問題があるとすれば、何はさておいても妨げとなっている障害を克服し、解決しておかなければ

ならない。言い換えれば、政党としてのアイデンティティを確立、徹底させておかなければならないのである。

●「昨日までの友は明日は敵」とされてはたまらない

これまで民主党の現職議員のなかから、離党して自民党や保守新党に鞍替えする議員が、跡を絶たなかった。

たとえば、熊谷弘元通産相（静岡9区選出）は、一橋大学社会学部を卒業し、通産官僚となり、参議院議員に当選し、次に無所属で衆議院議員に転進した。その後、小沢一郎について自民党を離党し行動をともにし、新生党に入った。その後、新進党の結党に参加したものの、小沢と喧嘩別れして、羽田孜を担いで太陽党をつくり、民主党が結成されてからは、選挙対策の事実上の責任者を務めていた。だが、平成一五（二〇〇三）年一二月二四日、民主党を離党して、保守新党に身を寄せ、代表の座におさまった。

金子善次郎衆議院議員（比例区北関東選出）は、一橋大学法学部卒で、自治官僚を経て中央政界入りし、民主党埼玉県連顧問を務めていた。だが、いまは、保守新党に移り、埼玉1区に選挙区を移した。平成一二（二〇〇〇）年六月の総選挙で、同じ選挙区（埼玉5区）の枝野幸男衆議院議員との話し合いの結果、比例代表区単独で出馬して初当選を果たした。

金子は平成一四（二〇〇二）年一二月二四日、民主党の岡田克也幹事長に離党届けを出し、熊谷弘らとともに保守新党の結成に参加した。民主党で同じ釜の飯を食べた武正公一衆議院議員と一騎打ちする。まさに「昨日までの友は明日は敵」という例である。そんなことをされたのでは、政党としてはたまらない。

後藤茂之衆議院議員（長野４区選出）は、東大法学部を卒業して、大蔵官僚になった。平成一二（二〇〇〇）年六月の総選挙では、民主党に所属し、初当選した。選挙では、こう訴えていた。

「従来のバラマキ政治では、経済は良くならない。将来に自信を持って投資ができ消費ができるための構造改革を進めるのが、政治の責任だ」

平成一五（二〇〇三）年一月、民主党を離党し、同年八月一二日、「自民党に入党する」と発表し、

「与党に入り、国民の視点で責任ある改革を実現させたい」

と語った。

民主党を離党して、保守新党や自民党に入党して選挙に臨む議員は、この三人に止まらない。かつての自民党と社会党が対立した時代とは違い、イデオロギー対立が希薄になっているとはいえ、有権者の多くが戸惑ってしまう。それまで所属していた政党の結党の理念や党是、政策をすべて投げ打ち、その大半を否定して、新天地を求めて別の政党に鞍替えするというのだろうか。熊谷、金子、後藤の三人に共通しているのは、「高級官僚出身者」ということであり、

高級官僚特有の「抜目のなさ」が感じられる。政治思想や哲学、理念のカケラもなく、どの政党から出馬すれば当選しやすいかという「打算」のみが優先している。これでは、「節操も何もなく有権者のことよりも自分の議席の安泰のみに走るただの保身だ」と言っても過言ではない。官僚が民主党の候補者になるケースが激増していることを考えると、事は重要である。

●忠誠心の薄い国会議員は、チャンスさえあれば、平気で自民党へ鞍替えしてしまう

民主党は、自民党に対して、「政財官癒着」の構造を批判し、その打破を訴え続けている。この癒着から「腐敗」が生まれてくると見ているからである。

高級官僚出身の国会議員と言えば、「官僚政治」という言葉が直ぐに思い浮かぶ。民主党は、自民党の悪弊の一つとなっている「官僚政治の打破」を目指しているはずである。だが、どういうわけか、民主党も「官僚政治家」を多数抱えている。民主党に合流した自由党にも「官僚政治家」がいた。これら官僚政治家は信用できない。

しかも、若手の高級官僚のなかで政治家を志す者が少なくない。自民党には、二世や三世議員という「世襲」が多く、地盤が特定の国会議員の後継者に固定化しているケースが多い。また、自民党は、県会議員など地方議員のなかから「年功序列」により、候補者が選ばれる場合が多々ある。

このように、いかに看板（役所名）と鞄（資金）がある高級官僚出身とは言っても、地盤の

ない新人にとっては、立候補しにくい。そこで、「自民党の壁」を敬遠して民主党に目が向く。過去のしがらみにとらわれないですむからである。

「民主党から立候補したい」

民主党の人気はかなり高いのである。民主党は高級官僚出身者が少なくないが、民主党にどこまで忠誠を誓って入党しているかとなると、かなりの疑問がある。なかには、「自民党はダメで、民主党もダメだが、政界再編までのとりあえずの詰め所」と割り切っている者もいるという。小選挙区の下で自民党から立候補しにくいので、仕方なく、民主党に身をおいておくという戦術である。民主党に対する忠誠心の薄い国会議員も当選の暁には、チャンスさえあれば、平気で自民党へ鞍替えしてしまう可能性は極めて高いのである。これも民主党の分裂の要因の一つなのだ。

●「旗印」がはっきりしていないのが、最大の弱点である

しかし、民主党もきれいごとを言ってはいられない。自民党と財界、あるいは業界との関係に相対して、「労働組合」との関係が深いからである。いまでこそ、政権の座に就いていないので、「腐敗」からは縁遠いように見えているけれど、政権を手に入れた暁に、「清廉さ」をどこまで堅持できるか疑問である。労組とて、腐敗しないとは限らない。

民主党の結束力が弱く、政権担当能力が低いと思われる主な原因として指摘しておかなくて

はならないのは、政党としての「理念」である。言い換えれば、「旗印」がはっきりしていない。これが最大の弱点である。

第7章「民主党への提言」でもふれるが、フランス革命の旗印「自由・平等・博愛」に従えば、日本の政党は、

自由　自由民主党
平等　社会民主党
博愛　博愛民主党

という関係が成り立つとすれば、大きく分けて三つの政党ができてしかるべきである。

民主党の創業者の一人である鳩山由紀夫は、敬愛する祖父が求めた「友愛主義」をかねてから提唱していたので、この立場から新しい政党をつくるに当たり、「友愛」に存在意義を見出し、これを国民に訴え、強調すべきだった。「友愛」を「博愛」と言い換えても同意語である。

鳩山によれば「『自由』が行き過ぎれば、弱肉強食となり、『平等』が行き過ぎれば、悪平等を招く。この真ん中に立ち、それぞれの行き過ぎた面を調整し、バランスを取る『中庸』の精神が、『友愛』の意味である」という。

だから、「自由」に力点を置く自民党でもなく、「平等」を重視する社会民主党でもなく、その中間点に位置して「友愛」を目指しているのが、民主党ということである。

すなわち、鳩山は、自由と平等のそれぞれの行き過ぎを抑制し、「中庸」を図る「博愛」を

標榜し、本来ならば「博愛民主党」と命名すべきだったはずなのに、結党のとき、「博愛」をわざわざ取り外してしまったため、政党の性格が見えなくなった。

まさか結党当初から、「自由民主」「社会民主」「博愛民主」のすべてを取り込もうと欲を張っていたわけではなかろうが、自民党と社会党から逃げ込んできた議員が混在を許容してきたため、わけのわからない雑居集団の政党になってしまう可能性があった。

民主党は、「戦後の世代」を結集しようとしていた。だが、フタを開けてみると、社会民主党から逃亡してきた国会議員のなかには高齢者も少なからず含まれていた。結党当時は、小選挙区制度の導入で社会党や社会民主党という沈没寸前の泥船から、飛び出してきたまるで節操もないネズミたちの集団に見えたものだ。

小沢一郎には民主党の旗印を国民に明確に示す必要があると思う。

●小沢一郎は、「才能を釣り上げる名人」である

「来る者は拒まず、去る者は追わず」

小沢一郎は、懐の深い政治家である。青雲の志を抱いて門を叩く若者たちを快く受け入れ、私設秘書、むかしふうに言えば「書生」として手元に置いて薫陶し、育てている。なかには、日本大学法学部などで勉学させてもらい、卒業後は、小沢一郎の選挙区である岩手県水沢市で秘書として働き、県会議員に当選を果たした者もいる。

後述するように小沢一郎政治塾は、設立から七年を経過し、修了者は次第に増えている。このなかから国会議員三人を輩出、県会議員や市町村会議員にも陸続として当選し、活躍している。

小沢一郎は、東京・世田谷の私邸で、小鳥をたくさん飼い、可愛がっていることでも有名だ。また愛犬もおり、朝の散歩によくでかけている。着流しの和服を着て、愛犬を連れて散歩する姿は、民主党のCMでもお馴染みとなり、小沢一郎が尊敬している「上野の山の西郷隆盛」とだぶる。

また小沢一郎は、「釣り好き」でも知られている。平成一八（二〇〇六）年四月の民主党代表選挙で代表に選ばれ、菅直人代表代行と鳩山由紀夫幹事長を伴い、海釣りに出かけたのは、「釣り」を通じて「トロイカ体制」の絆を強める狙いがあった。

「釣り」と言えば、彫刻家・平櫛田中の「釣人」像が想起される。レプリカがJR福山駅南口に立てられている、釣り竿を担ぎビクを手提げて立つ平櫛の恩師・岡倉天心像である。天心は、才能のある若い美術家を見出し、育てる名人だった。平櫛もその一人だった。「釣人」像には、「才能を釣り上げる名人」という意味が込められ、モチーフになっている。「釣り好き」の小沢一郎も、「才能を釣り上げる名人」である。政界入りした駆け出し時代に、「人たらし」であり「才能を育てる名人」だった恩師・田中角栄の姿を小沢一郎に見出すことができる。

●私塾「小沢一郎政治塾」を設立し、次世代を担う有為の人材養成に立ち上がる

小沢一郎は、自由党時代、党の立て直しと、次世代を担う有為の人材養成に立ち上がり平成一三（二〇〇一）年一月、「平成の松下村塾」を標榜し、党首自ら若手党員を指導する研修機関として「小沢一郎塾」を設置し、本格的な人材養成に努めてきたのである。政治家養成のみならず各界各層の指導者育成を目的に設立した塾である。二一世紀の日本の在るべき姿と歩むべき道筋を構想し、かつその実現を担い得る、志の高い若い人材を発掘、養成することを目的とした。

この塾は小沢一郎の政治哲学や理念を直に教え、国政選挙の公認候補者を育てるために、自由党時代に毎年夏に開いてきた研修会を簡素化し、人数を三〇人程度に絞り込み、一八～三五歳の男女を対象に月一回程度の研修と年二回の合宿を活動の目安としている。小沢一郎に忠誠を誓い「日本一新」に取り組むいわば精強な「小沢一郎親衛隊」の養成機関と言ってもよい。全国で地方議員を中心に政治家を輩出している。「政治塾」ではあるが、各界の指導者育成にも力を入れている。

だが、小沢一郎は、自民党に対抗する勢力を結集するため、平成一五（二〇〇三）年九月二六日、民主党への合流に伴い、自由党を解散した。これに伴い政治塾は党の機関から小沢の私塾として現在も存続している。

●小沢塾出身者は「野武士集団・雑草集団」と呼ばれている

小沢一郎は、民主党の国政選挙候補者に塾卒業生の擁立を相次いで行っている。松下政経塾と並ぶ政治家の育成学校という性格を明確にしてきており、政界で高く評価されている。

しかし、松下政経塾が塾生に年二四〇万円以上の支給（二年目以降は別途一〇〇万円の支給）を行っているのに対し、小沢一郎政治塾は塾生への現金支給を行っていない。このことから松下政経塾出身者が「エリート集団」「坊ちゃん集団」と言われ、小沢塾出身者は「野武士集団」「雑草集団」と呼ばれている。

まず、小沢邸住み込みの書生や秘書のときから育ててきた子飼いの候補者たち、いわゆる「小沢親衛隊」を最優先にテコ入れする。樋高剛（神奈川18区）、中塚一宏（神奈川12区）、柴崎正直（岐阜1区）、川島智太郎（東京9区）各氏ら中核部隊が前回、「小泉旋風」に吹き飛ばされて落選、再起を期して「リベンジ戦」の準備をしているからだ。次に、「小沢一郎政治塾」で鍛えた若手から候補者を選抜していく。さらに、安倍首相から疎外されて不満を抱く「冷や飯組」を、一本釣りにより「ヘッドハント」し、「一年がかりで候補者を揃えていく」という。

●「小沢一郎親衛隊」のメンバーの多くが「リベンジ戦」を挑む

「小沢一郎親衛隊」のメンバーの多くが、平成一七（二〇〇七）年九月一一日の総選挙で、あえなく討ち死にし、次期総選挙において「リベンジ戦」を挑み再起を図るべく選挙区に張り付き備えを固め、日々、地道に「ドブ板選挙」に取り組んでいる。

□樋高剛（昭和四〇年一一月二四日、横浜市生まれ）もその一人である。小沢一郎秘書出身でしかも平野貞夫参議院議員の二女を妻に持つ。早稲田大学社会科学部卒業後、東京海上火災保険勤務を経て、小沢一郎自由党党首の門を叩き、師事する。八年半、小沢一郎党首の自宅に住み込み、小沢一郎の秘書を務め、ジャージ上下に運動靴で、庭掃除・靴磨き・皿洗い・洗車・そして小沢一郎同行の犬の散歩など、まさに下積み生活を続けた。

書生時代は、政治家として「信念ある政策の実行に関する基本的なこと」、人間として「人とのふれあいと日常の暮らしの大切さ、些細なことも手を抜かずにきちんとしたことをするように心がけ、実行することの大切さ」を学び、そのことが政策、法案づくりに携わるうえで貴重な経験となっている。「まっすぐに、誠実に」をモットーとする。

小沢一郎をはじめ側近である平野貞夫の心を捉え、平野の二女・政子と平成六（一九九四）年七月に結婚。四年後の平成一〇（一九九八）年七月の参議院議員選挙で、自由党から立候補するが、惜敗する。このとき、小沢一郎は、

「樋高君は、私の秘書を務めて七年。持ち前の情熱とパワーで、多忙な私を完璧に支えてくれました。その経験と優れた政治センスは、地元の皆様や日本の将来にきっと役立つはずです」

と、応援している。その後、衆議院議員（神奈川県第18区選出、二期）を歴任した。

□中塚一宏（昭和四〇年四月四日、京都市生まれ）は、自由党事務局出身で政策マンである。京都大学工学部を卒業、小沢一郎、藤井裕久と常に政治行動をともにし、自民党から新生党までは議員秘書、新進党、自由党では政策調査会事務局として、政策立案や選挙公約作成にたずさわる。衆議院議員（神奈川県第12区選出、二期）を務める。

□柴橋正直（昭和五四年七月三日、岐阜県本巣市生まれ）は、大阪大学文学部を卒業、学生時代に参加した長城計画が縁で、ＵＦＪ銀行で勤務の傍ら、小沢一郎氏の門を叩き小沢一郎政治塾三期生入塾。政治を志し銀行を退職、民主党岐阜県連の衆議院議員候補者公募に応募し、総支部代表に就任。平成一七（二〇〇五）年九月の総選挙に岐阜県第1区で出馬、野田聖子、佐藤ゆかりと戦い、落選する。

□川島智太郎（昭和三九年三月二〇日、大分県別府市生まれ）は、幼少期に両親をなくし、祖母の元で二人きりの生活を送る。小学校四年生のとき、新聞配達をしながら家計を助けながら中学校を卒業する。

しかし、生活は困窮を極め、地元の高校に進学できず、このため一五歳の誕生日、最愛の祖母と別れ単身上京し、清掃会社のアルバイトをしながら、明治大学中野高校定時制に通う。二〇歳の春、「将来は政治家になる」と決め、アルバイト仲間の五人とともにビルメンテナンス会社設立を決意し、下請け会社としてアルバイト先の会社から仕事を受注し、個人事業を立ち上げ、そこから株式会社城西企業を設立し、代表取締役社長に就任した。

極真空手の先輩・米津等史衆議院議員の秘書として入門して鍛えられた後、自由党党首・小沢一郎の門を叩き、秘書となる。自由党内で開催された議員候補のコンテスト大会に出場し、見事合格して、衆議院小選挙区の自由党公認候補内定者となり、多忙を極めるなか、政治学を修めるべく日本大学法学部政治学科に入学し卒業した。

平成一五（二〇〇三）年一一月の総選挙に民主党比例区公認候補として出馬し、惜敗する。平成一七（二〇〇五）年九月の総選挙に民主党公認候補として東京9区選挙区から出馬し、次点となる。

●「ドブ板選挙」の訓練を積む「小沢一郎親衛隊」予備軍

ところで、小沢一郎政治塾出身者は、国政ばかりでなく、都道府県・市町村で地道な政治活動を行っている。小沢一郎から直接指導を受け、薫陶された「政治家の卵」が毎年、巣立っている。これらの新人が、小沢一郎の教えに忠実に従い、「ドブ板選挙」の訓練を積んでいる。このなかから、地方議員が着実に生まれている。

これは、国政における「小沢一郎親衛隊」予備軍となり、「小沢グループ」のみならず、民主党の組織力を強化することにつながり、国政・地方の各種各級選挙において手足として動く、「頼もしい戦力」になる。

このなかで、注目すべきは、小沢一郎政治塾六期生の西川将人が、北海道旭川市長に当選したことである。言うまでもなく、小沢一郎の愛弟子であり、小沢一郎政治塾出身者では、初の首長誕生である。

西川将人は昭和四三（一九六八）年一一月七日生まれ、北海道旭川市出身。中学時代はスキー部、北海道旭川東高等学校を卒業した。高校時代はレスリング部に所属していた。防衛大学校に合格したが進学せず、北海道大学工学部に進み、卒業後、日本航空に入社した。北海道大学時代は、ヨット部に入り、主将を務めた。子供のときから夢は「政治家」「パイロット」「自衛官」と公言し、アメリカ・カリフォルニア州ナパで二年間航空訓練を受け、副パイロットとして主に欧州路線に乗務した。

その後、自由党が主催する政治家公募（Lカデット）の公募に応じ合格し、日航を退職、小沢一郎を師と仰いで、旭川市を拠点に政治活動に入った。

平成一二（二〇〇〇）年六月の総選挙に自由党公認で初出馬し、保守票を食う健闘を見せたものの、落選した。続く平成一三（二〇〇一）年七月の参議院議員選挙に自由党公認で出馬し、小泉旋風が吹き荒れるなか、予想以上に得票する。平成一五（二〇〇三）年一一月の総選挙では、民主・自由合併を受け、現職優先公認のため公認漏れてしまった。北海道11区や12区への鞍替えの話も持ち上がったけれど、「旭川・上川のために働きたい」と固辞し、無所属で出馬し、落選した。

その後、小沢一郎の後を追い民主党へ入党し、平成一六（二〇〇四）年七月の参議院議員選挙で北海道選挙区の議席独占を狙い、民主党公認で立候補した。組織票もなく、出馬表明も遅れたため、「犠牲フライ候補」と当初言われた。

だが、自転車を駆使した街頭アピール、札幌駅前での九時間一人マラソン演説、選挙事務所の二四時間ウェブカメラ中継などで話題を提供し、現職にあと一歩まで肉迫する。

平成一七（二〇〇五）年九月の総選挙では、北海道6区の民主党現職・佐々木秀典の引退に伴い、西川への後継指名が予想された。だが、士別市選出の道議会議員・佐々木隆博が後継に選ばれたため、西川は、比例ブロックから出馬した。

平成一八（二〇〇六）年、民主党を離党して、旭川市長選挙に出馬した。だが労働組合などの革新勢力が伝統的に根強い地域のため、「小沢一郎に近い候補者」として「小沢アレルギー」が憂慮されていた。

ところが、地元の長老・五十嵐広三元衆議院議員（自社さ連立の村山富市政権の官房長官・建設相、元旭川市長）からの尽力もあり、地元の民主党支持層を固めることに成功した。旭川市長の座を二八年ぶりに自民党から奪還、市長就任時は三八歳、北海道内では最も若い首長、全国でも新潟県三条市長・国定勇人、佐賀県武雄市長・樋渡啓祐、宮崎県都城市長・長峯誠に次ぐ四番目に若い首長、中核市では最年少と話題を集めた。

西川将人が、旭川市長として実績を積み上げ、行政手腕を強めて、地元の支持基盤を確固としたものに築いていけば、将来の国政を担う政治家として大成するのは、間違いない。

●小沢一郎が、「陽動作戦」を仕掛ける

政局が衆議院の解散・総選挙含みで推移していると言われていながら、その実、与野党ともに「総選挙は避けたい」のが本音だ。自民党は「衆議院三〇六議席も確保しているのに、いま解散すれば惨敗してしまう」、民主党は「三〇〇小選挙区のうち、約一〇〇の候補者が決まっていない」と、いずれもガチンコ勝負ができる態勢にはない。

これを見透かして、民主党の小沢一郎代表が、「陽動作戦」を仕掛ける。表舞台の国会では、参議院で第一党の強みを発揮して、「テロ特措法延長」に徹底抗戦し、同時に議員立法による法案を連発し、その陰で、得意の「地方行脚」を再開する。

まず、前述したように小沢邸住み込みの書生や秘書のときから育ててきた子飼いの候補者たち、いわゆる「小沢親衛隊」を最優先にテコ入れする。樋高剛（神奈川18区）、中塚一宏（神奈川12区）、柴崎正直（岐阜1区）、川島智太郎（東京9区）各氏ら中核部隊が前回、「小泉旋風」に吹き飛ばされて落選、再起を期して「リベンジ戦」の準備をしているからだ。次に、

「小沢一郎政治塾」で鍛えた若手から候補者を選抜していく。

さらに、福田首相から疎外されて不満を抱く「冷や飯組」を一本釣りにより、「ヘッドハント」していくという。

民主党は前回総選挙の落選者の多くが平成一九（二〇〇七）年七月の参議院議員選挙で当選しており、「勝てる見込みのある有力候補者が枯渇」しており、空白区が目立つ。千葉7区の補欠選挙で当選した太田和美は、千葉県内の他選挙区に転出を言い渡され、「選挙区は党に任せている」状態。東京12区では公明党の太田昭宏代表に対抗する候補者が決まっていない。こうした状況から小泉元首相や古賀誠元幹事長らが提唱する「平成二一年九月の任期満了選挙」が現実味を帯びつつある。

●小沢一郎は「バルカン政治家」として大政党を手玉に取りつつある

福田康夫首相と民主党の小沢一郎代表との二人きりで行われた党首会談で持ち出された「大連立構想」は、不調に終わった。だが、小沢代表が、なぜ一度は「大連立構想」に心を動かされたのかについては、「総選挙に勝てる自信がなかった」「参議院議員選挙で示したマニフェストを実行したかった」などと説明されているものの釈然とせず、依然として謎とされている。

国民新党の亀井静香代表代行は、民放テレビ番組に出演した際、「アメリカのことを恐れたのかもしれない」と言いかけて口ごもっていた。だが、党首会談が行われていた最中、アメリカから、ブッシュ政権を背後から支えてイラク戦争を支援してきたディビッド・ロックフェラー（九二）が来日していた。表向きは、自著『ロックフェラー回想録』の翻訳版が発刊され、サイン会に出席のためと言われていた。だが、実は、福田政権に「消費税の大幅アップ」を要求するのが最大の目的だったという見方が取りざたされている。アメリカはイラク戦争の戦費が嵩み、財政と貿易の双子の赤字に苦しんでおり、日本に対してアメリカ国債の購入を期待している。しかし、これに応えるには、日本は「大連立政権」で大幅増税するしかない。小沢代表は、「師匠・田中角栄元首相がアメリカに逆らって、失脚させられた」と思い込んでいる節があり、「二の舞にはなりたくなかった」のではないかと解釈する向きもある。

民主党の小沢一郎代表は、「大連立構想」をめぐり辞意表明し、直ぐに撤回したことから国民的信頼を失墜した半面、意外なパワーを持っていることを実証してみせている。それは、「小沢代表の行くところは、どこまでもついていく」という「鉄板」のような忠誠心を抱く同志が最低でも一四人いることがはっきりしたからである。

民主党内の小沢グループは、衆参両院議員合わせて総勢四二人おり、このうち、参議院議員一七人を率いて民主党を割って出れば、福田首相がこだわる「大連立」は必要ではなく、「衆参ねじれ現象」は、瞬く間に解消される。同時に民主党は、バラバラになる危険がある。どちらに行くかは、小沢代表の胸三寸にあり、ということである。かつて弱小派閥を率いた三木武夫元首相のような「バルカン政治家」として大政党を手玉に取りつつある。

自民党の矢野哲朗前参議院国対委員長（栃木選挙区、当選３回）は、平成二〇（二〇〇八）年四月二三日夜、宇都宮市内で講演し、参議院民主党との関係について「いま、何人かわれわれと一緒にやっていこうという人たちが出てきた。近々、そういう人たちが独立するだろう」と述べた。民主党所属の一部の参議院議員が離党するという観測である。また矢野氏は「そういう人たちがコアになり、民主党と自民党の『中の島』をつくる。政府提案の法律に是々非々で臨み、参議院らしい独自性が確保できるのではないか」とも語っていた。

小泉元首相は民主党の前原誠司副代表や仙谷由人元政調会長とも相性が良く、最近でも東京都内の料亭で懇談するなど親交を深め、政界再編を仕掛けるとともに、自民・公明与党が参議院で過半数に不足している一七人の穴埋めに、日銀総裁人事の参議院採決で「反小沢」の態度を示した渡辺秀央、大江康弘、藤原正司、犬塚直史、風間直樹、桜井充、木俣佳の七人を引き抜こうとしていた。

●アメリカに「NO」と言えることがまず、求められる

小沢一郎が政権の座に就いたとき、真っ先に問われるのは、対外関係、すなわち外交である。平成二一（二〇〇九）年一月二〇日に誕生する新政権とどう付き合うかが最大の課題となる。アメリカに「NO」と言えることがまず、求められる。民主党の小沢一郎代表がアメリカ

に「NO」と言ったのは、実に痛快であった。

アメリカのブッシュ大統領は、小泉元首相のことを「パピー」「可愛い子犬ちゃん」と呼んだという。ブッシュ大統領が「ワン」と吠えれば、小泉首相は「キャン」と答えて、何でもかんでもアメリカの言う通りにする日本に対して、「対米従属国」と自らを卑下するような国民が多いなか、民主党・小沢一郎代表がシーファー駐日大使を民主党本部に呼びつけて会談に応じたのは、痛快であった。

小沢代表がシーファー駐日大使に「ハウ・ドゥ・ユー・ドゥ」と挨拶したのは、何とも皮肉である。日本国憲法を日本に押し付けたアメリカが、憲法違反を認めるような要求をするのは、理不尽も甚だしい。憲法第九条のどこをどう読んでも、自衛隊の海外派遣が許されるとは読めない。

小沢一郎がアメリカに「NO」と言ってみせたのは、日本国民に誇りと自信を取り戻すチャンスとなる。

日米関係については、次のような課題もある。
①菅直人が米英両国によるイラク戦争に抗議してきたことに、どう折り合いをつけるか。
②イラクへの自衛隊派遣にはっきりと、「NO」と言い、撤退させられるか。
③アメリカ新政権の「外交路線」への盲従を拒否できるか。
④イラク支援は国連など国際機関・地域機関の枠組みの中で行うよう主張し続けられるか。

⑤真の友人として苦言ができるか。
⑥少資源国・日本は石油・天然ガスをめぐる資源争奪戦に勝てるのか。
⑦中央アジア地域の「石油と天然ガス資源の宝庫」の獲得に懸命となれるか。
⑧「米国対ＥＵ」の新たな「二一世紀グレート・ゲーム」にどう関わるのか。
⑨アメリカの政権を背後で動かす大財閥ロックフェラーと良好な関係を築けるか。
⑩国連中心の防衛戦略に切り換えられるのか。
⑪憲法第九条改正に踏み切れるのか。
⑫日米同盟を機軸に対等外交ができるのか。

●計一〇〇〇人を引率して中国北京を訪問し胡錦濤国家主席ら要人と会談

次に中国との関係を有利に展開できるのかが、大きな課題となる。さらに、北朝鮮との外交に勝てるのか否かが、重要課題となる。

民主党の小沢一郎代表は重要な役職に就いていない若手国会議員には、「徹底的にドブ板選挙を行え」と指示し、自らも全国行脚に汗を流す一方で、一二月には、ジャンボジェット機三機をチャーター、民主党所属の国会議員と支援者計一〇〇〇人を引率して中国北京を訪問し、胡錦濤国家主席ら要人と会談した。

平成一九（二〇〇七）年秋の第一七回共産党大会で、胡錦濤国家主席は人事を一新して「次世代指導者」抜擢するなど主導権強化を図った。小沢氏が訪中するのは、その直後で、民主党と胡体制との関係をさらに強化し、アメリカのブッシュ政権が、中国指導部に緊密な人脈を築いているゴールドマン・サックス社CEOだったポールソン氏を財務長官に大抜擢し、日本をパスして北京政府寄りに政策転換していたのに対抗し、田中角栄元首相以来の「中国との緊密関係」を誇示する狙いがあったのでる。

政権交代が視界に入ってきている折だけに、「中国最高指導部との緊密さ」を演出し、自民・公明連立政権に揺さぶりをかけ、ブッシュ大統領の任期満了前、日本では衆議院の解散総選挙が行われるとみて、「小沢民主党」をアメリカに高く売りつけようとの高等戦術が見え隠れしていた。

●小沢一郎の切れやすい性格、菅直人のイライラ癖を冷静のコントロールする

小沢一郎が、衆議院本会議場で行われた「新テロ特措法」採決の際、議場から姿を消し、棄権して、大阪府知事選挙の応援に空路、飛び立ったことについて、「どうしてだ。国会軽視ではないか」と批判の声が出る一方、「不可解視」する声も続出、その真相をめぐって様々に憶測を呼んだ。「大阪府知事選挙応援を口実に急遽、大阪に飛んだ」との説が取りざたされた。

民主党の鳩山由紀夫幹事長は、小沢一郎が、何かと「プッツン」と切れやすい性格、気に入らないことが起こると直ぐに「雲隠れ」してしまうことに振り回されている。加えて菅直人代

表代行は、「イラ菅」の異名を持ち、イライラしがち。

他方の福田康夫首相は、元来「短気」で、我慢性に欠ける。その性格が平成二〇（二〇〇八）年四月九日の「党首討論」でついに爆発した。日銀総裁・副総裁人事をめぐり民主党が財務省出身者ら四人を不同意としたことなど議会運営がスムーズに進まないことに業を煮やし、「権力、人事権の乱用ですよ」と厳しく批判し、ついに「本性」を表わした。これに対し、小沢は「大蔵省（財務省）がポストを占める既得権益がいけない」と交わし、ニヤニヤしていた。民主党にとっては、政権交代を前に、小沢一郎の切れやすい性格、菅直人のイライラ癖を上手にしかも冷静のコントロールすることが求められている。土壇場で、感情的になり、積み木を崩すようなことをしたのでは、元も子もなくなるからである。

●自ら設定した制限時間に焦らないことが大事

鳩山由紀夫幹事長が、「時間との戦い」に焦りを感じ始めている。序論で述べたが、民主党結党時（一九九六年九月二八日）、「私は時限政党として二〇一〇年まで責任を持てる政党として存続してまいりたい」と記者会見で明言し、「政党というのは老化していくものだから老化しないような決意を党に求め、若い世代に引き継いでいく」とも公約しており、その「タイムリミット」が時々刻々と迫っているからだ。それまでにどうしても「政権交代」を果たさねばならない。

その焦りが、小沢一郎代表が新テロ対策特別措置法の衆議院本会議での再議決を棄権した際、「政権交代」を目前にして、国民の顰蹙《ひんしゅく》を回避しようと憂慮の思いで謝罪し、暗に小沢を批判したため、一時ギクシャクし、党内では二人の不仲説も囁かれた。ところが、鳩山の誕生日（二月一一日）に小沢が豪華なバースデーケーキを鳩山の都内自宅に贈ったことから、俄かに「甘いムード」が回復したという。

その一方で、鳩山は弟・邦夫法相とともに次世代の人材養成を目指して開設する「鳩山友愛塾」（井上和子塾長＝鳩山兄弟の実姉）の塾生を募集、四月から講義を開始しようと着々準備している。衆議院議員の任期が平成二一（二〇〇九）年九月一〇日に満了となるまでの間に断行される次期総選挙後、鳩山・小沢の二人が政界再編に向けてどう動くかをめぐり、種々の憶測が飛び交っていた。

第6章　政権政党への条件と課題

●政党政治家は、「タフネゴシエーター」でなくてはならない

政治家は、何の権力も権限も持たない野党でいるよりは、政権与党にいる方が、政治力や政治手腕をより発揮できる。政権与党の政治家ともなれば、政治過程において、様々な「政治交渉」「外交交渉」に携われる。

「タフネゴシエーター」として難しい交渉も粘り強く続け、上手にまとめ上げることができれば、その功績功労が認められ、さらに高い地位を授けられて、ますます「上昇」していける。この結果、天下国家、国民のために奉仕する「公的目的」を実現でき、その見返りとして「私

的な欲望」も満足できる。

●党首には「内閣総理大臣」としての条件と卓越した能力が求められる

しかし、政党が政権の座につき、所属の政治家が、政権内に入って初心を果たせるようになるまでの道程は、単純でもなく、並大抵のことではないのである。

政権は、「大多数の国民の支持」により信託されているとの「正当性」を基礎に、国民統治権力という「武力装置」（警察力・軍事力・強制執行力）を行使できる政治集団のことである。「正当性」がなければ、単なる暴力にすぎない。権力の本質は、国民の自由を拘束あるいは奪う「逮捕権」と国民財産の一部あるいは全部を強制的に奪える「徴税権」から成り立っている。

「自由・民主主義国」である日本は、英国型の議院内閣制度を採用し、国権の最高機関である国会と行政府である内閣、それに司法権を行使する最高裁判所、中級の高等裁判所、下級の地方・簡易・家庭裁判所によって、国民を統治している。

政党政治を基本としている日本は、衆議院で過半数の議席を獲得している単独政党、あるいは複数政党が、内閣を組織し、政権を担当する。日本国憲法第六六条の規定により、内閣は、法律の定めるところにより、その首長たる内閣総理大臣（首相）及びその他の国務大臣（半数は国会議員）でこれを組織する。内閣総理大臣は、国会議員の中から国会の議決で、これを指名する（憲法第六七条第一項）。衆議院と参議院とが異なった指名の議決をした場合、衆議院の議決が優越する（憲法第六七条第二項）。内閣総理大臣は、内閣を代表して議案を国会に提出し、一般国務及び外交関係について国会に報告し、並びに行政各部を指揮監督するのを職務としている（憲法第七二条）。内閣は憲法第七三条に基づき、他の一般行政事務の外、次の事務を行う。

一、法律を誠実に執行し、国務を総理すること。
二、外交関係を処理すること。
三、条約を締結すること。但し、事前に、時宜によっては事後に、国会の承認を経ることを必要とする。
四、法律の定める基準に従い、官吏に関する事務を掌理すること。
五、予算を作成して国会に提出すること。
六、この憲法及び法律の規定を実施するために、政令を制定すること。但し、政令には、特にその法律の委任がある場合を除いては、罰則を設けることができない。
七、大赦、特赦、減刑、刑の執行の免除及び復権を決定すること。

日本国憲法のこれらの規定から、現在政権を担っている自民・公明与党が、「政権政党」として立派に政権を維持しているか否かは別問題として、民主党が、優れた「政権担当能力」を持つ「政権政党」となり得る「条件と課題」が、自ずと明らかになってくる。逆に言えば、

「条件」が揃っていなければ「政権担当能力」が欠けているということになり、国民の立場からは、政権を任せるわけにはいかない。

●「政権政党」たるのに必要な「八つの条件」

すなわち、党首には「内閣総理大臣」としての条件と卓越した能力が求められる。そこでまず、「政権政党」たるのに必要な「条件」を列記してみよう。

〔1〕内閣総理大臣をはじめ閣僚に相応しい国民統治技術に長けた人材を多く擁し、国土を防衛し、治安を守り、幸福を希求している国民の生活を豊かに、安定させることができること。

〔2〕高い政策立案能力により、優れた政策を構想し、立案すること。

〔3〕巧みな高い立法技術を持ち、それを発揮できること。

〔4〕強い官僚統御(コントロール)術を駆使できること。

〔5〕国会運営・対策術を上手に展開できること。

〔6〕外交交渉術に優れていること。

〔7〕代表をはじめ幹部たちが熟練した統率術を持ち、人心収攬により、与党を一致団結させ得ること。

〔8〕マスコミ対応術により、メディアとの関係、付き合いを良好に維持できること。

●民主党は雑居集団だけあって、「閣僚経験者」が多数いる

民主党が、これらの「八つの条件」のうち、果たしてどの程度充足しているかを、順次点検してみなくてはならない。この作業のなかで、民主党が解決を図らなければならない「課題」も浮かび上がってくる。

〔1〕の「内閣総理大臣をはじめ閣僚に相応しい国民統治技術に長けた人材を多く擁し、国土を防衛し、治安を守り、幸福を希求している国民の生活を豊かに、安定させることができること」は、どうだろうか。

民主党は、雑居集団だけあって、「閣僚経験者」が多数いる。

小沢一郎（自治相）、羽田孜（農水相、蔵相、首相）、渡部恒三（厚相、通産相、衆議院副議長）、西岡武夫（文相）藤井裕久（蔵相）、石井一（国土庁長官）、江田五月（科学技術庁長官、参議院議長）、田名部匡省（農水相）、菅直人（厚相）、広中和歌子（環境庁長官）、中井洽（法相）、渡辺秀央（郵政相）。

これらの政治家は、かなり高齢化しているとはいえ、政権担当の経験豊かなベテランばかりで、自民・公明連立与党に代わって、いつでも政権を担える。次代を担う若い政治家を訓練し、

多くの人材を養成することも可能である。
このほか、かつて政務次官に就任した政治家も少なくない。

●「次の内閣」の閣僚と政権担当能力

民主党の政権担当能力を推し量る手かがりの一つになるのが、野党である場合に設置される政策決定機関である「次の内閣」である。英文名は「Next Cabinet」(NC)という。平成一一(一九九九)年一〇月、菅直人前代表の提言により鳩山由紀夫代表(当時)が、英国の「影の内閣」、新進党・自由党の「明日の内閣」を参考に設置した。発足時は「ネクストキャビネット」という名称であったが、平成一五(二〇〇三)年に「次の内閣」と名称を変更。

「次の内閣」は毎週水曜日の午後、国会の民主党控室(衆議院第16控室)にて「次の内閣」の閣議が開かれている。自民党総務会と同じく、党大会・両院議員総会に次ぐ政策議決機関である。この場合、役員会および常任幹事会より、党の政策に関して審議および決定が「次の内閣」へ委譲される。自民党総務会は党運営に関する件も対象にしているのに対し、民主党は、総務会を次の内閣設置と同時に廃止したため、党運営は常任幹事会が担当している。党運営と政策決定の組織を分離させ、党内事情による政策の歪曲を防ぎ、政策立案を透明化している。

日本には現在、一府一二省がある。政権を担当するということは、これらの官僚組織と官僚群を統御するということを意味している。官僚政治を打破し、官僚に踊らされるのではなく、真の政治を行うには、政治家自身が各省の政策に精通していることはもちろん、政治家が官僚をよく統御して行政を執行し、政策の実現を図らなくてはならない。

「次の内閣」の構成員は、民主党議員で占められているため、次の内閣は連立政権を想定していない。次期総選挙で、野党が過半数をとったとしても、民主党が単独で過半数を確保できなければ、連立政権を樹立せざるを得なくなるけれど、それはともかく、現在の民主党国会議員に政権担当能力があるか否かを検討しておかなければならない。小沢一郎代表の下、民主党は平成二〇（二〇〇八）年七月二三日現在、以下のようなメンバーで「次の内閣」を形成している。

次の内閣「閣僚」	氏名	前所属政党
総理大臣	小沢一郎	自由
副総理	菅直人	民主（さきがけ）
	輿石東	参・民主（社民）
国務大臣	鳩山由紀夫	民主（さきがけ）
総務大臣	原口一博	民政
外務大臣	鉢呂吉雄	民主（社民）
防衛大臣	浅尾慶一郎	参・民主（新進）

内閣府担当大臣　松井孝治　参・民主
財務大臣　中川正春　民政
金融担当大臣（経済財政担当）　大畠章宏　民主（社民）
厚生労働大臣　山田正彦　自由
年金担当大臣　長妻昭　民主
経済産業大臣　増子輝彦　参・民主（新進）
法務大臣　細川律夫　民主（社民）
文部科学大臣　小宮山洋子　民主
子ども・男女共同参画担当大臣　神本美恵子　参・民主
農林水産大臣　筒井信隆　民主（社民）
国土交通大臣　長浜博行　参・民主（新進）
環境大臣　岡崎トミ子　参・民主（社民）
官房長官　直嶋正行　参・友愛
官房副長官　長妻昭（兼務）民主
　福山哲郎　参・民主

政権交代実現の暁に各閣僚ポストを担うに足りる人材を、歴代の「次の内閣」から順次ピックアップすると、次のような閣僚候補者が、鮮明になってくる。
◇内閣総理大臣＝鳩山由紀夫、菅直人、岡田克也、前原誠司、小沢一郎
◇副総理＝菅直人、小沢一郎、藤井裕久、輿石東
◇内閣官房長官＝菅直人、岡田克也、枝野幸男、仙谷由人、松本剛明、直嶋正行
◇内閣府・国務大臣＝川端達夫、岡田克也（財政金融担当）、千葉景子（男女共同参画人権担当）、峰崎直樹（財政金融担当）、玄葉光一郎（地方分権政治行政改革担当）、枝野幸男、野田佳彦、岡崎トミ子、岩國哲人、岡田克也、仙谷由人、大畠章宏（金融担当・経済財政担当）、原口一博、藤井裕久、川端達夫、直嶋正行、鳩山由紀夫、大島敦、桜井充（金融担当）、小宮山洋子（子ども・男女共同参画・人権・消費者担当）、林久美子（子ども・男女共同参画担当）、松井孝治、長妻昭（年金担当）、神本美恵子（子ども・男女共同参画担当）
◇国家公安委員長＝大畠章宏、円より子
◇総務大臣＝松本龍、小沢鋭仁、千葉景子、玄葉光一郎、大畠章宏、川端達夫、赤松広隆、渡辺周、武正公一、原口一博
◇法務大臣＝小川敏夫、江田五月、平岡秀夫、千葉景子、小宮山洋子、簗瀬進、細川律夫
（ちなみに小宮山洋子を除く全員が弁護士有資格者）
◇外務大臣＝前原誠司、鳩山由紀夫、浅尾慶一郎、山口壮、鉢呂吉雄
◇財務大臣＝横路孝弘、岡田克也、峰崎直樹、円より子、藤井裕久、野田佳彦、池田元久、

中川正春
◇文部科学大臣＝鈴木寛、藤村修、小宮山洋子
◇厚生労働省＝前原誠司、古川元久、横路孝弘、仙谷由人、三井辨雄、山田正彦
◇農林水産大臣＝筒井信隆、山田正彦、篠原孝
◇経済産業大臣＝小沢鋭仁、渡辺周、近藤洋介、増子輝彦
◇国土交通大臣＝岩國哲人、菅直人、長妻昭、伴野豊、長浜博行
◇環境大臣＝小宮山洋子、近藤昭一、長浜博行、末松義規、岡崎トミ子
◇防衛大臣＝前原誠司、松本剛明、長島昭久、笹木竜三、浅尾慶一郎
◇内閣官房副長官＝岡田克也、中川正春、小川勝也、古川元久、直嶋正行、長妻昭（年金担当大臣と兼務）、浅尾慶一郎、福山哲郎

これら「次の内閣」の閣僚経験者は、それぞれの政策分野で、いわゆる「プロフェッショナル」と言われるほどの権威者ばかりである。

たとえば、外交政策では、鳩山由紀夫は、祖父・鳩山一郎元首相が広めようとしていた「友愛主義」に基づき、どこの国とも友好関係を結ぶ「友愛外交」をモットーとしている。この立場から、「ポスト福田」を窺っている自民党の麻生太郎幹事長（元外務大臣）が『自由と繁栄の弧』と題する著書まで出版して提案している「ユーラシア大陸の弧にあたる地域」に重点に

置くいわゆる「価値外交」を痛烈に批判し、対抗しようとしている。

外交防衛政策では、小沢一郎を除き、民主党内には前原誠司の右に出る者はいない。農林水産政策では、筒井信隆は、党内随一の権威者として知られている。山田正彦、篠原孝の二人も筒井に次ぐ、農林水産政策のプロである。

経済産業政策では、アイデア官庁・通産官僚出身の岡田克也が、中小企業庁で鍛えた中小企業対策やマクロ景気対策に腕を振るうことが期待されている。チェーンストア「イオン株式会社」の総帥・岡田元也社長の実弟、岡田卓也名誉会長の二男として、「大型店」が破壊した全国各地の地域共同の社会再生政策によって、報いる責任をも背負っている。

枝野幸男は、弁護士の手腕を発揮し党憲法調査会長として「憲法改正問題」に取り組み、評価を高めている。長妻昭は、年金記録問題について政府を厳しく追及してきた実績から「ミスター年金」と呼ばれている。

しかし、「次の内閣」の官僚経験者のうち、政権政党の一員として本当の内閣の閣僚を経験しているのは、小沢一郎代表（自治大臣）、菅直人代表代行（厚生大臣）、藤井裕久（大蔵大臣）のみである。鳩山由紀夫幹事長ですら、閣僚を経験していない。このため、実際に政権交代により、民主党が内閣をつくる場合、政権政党下で政務官や副大臣として各省に送り込まれて訓練する機会を持たない「ズブの素人」が多数閣僚に抜擢されることになる。

「若葉マーク」ばかりの閣僚たちが、各省の官僚に取り込まれたり、翻弄されたりする恐れは極めて大であり、政権維持が難しくなるのは、目に見えている。これを防ぐには、政権自民党政権を担った小沢派や羽田派内のベテランの閣僚経験者（渡部恒三元通産相、石井一元国土庁長官ら）を入閣させて、まず「安全運転」しながら、徐々に若い世代に政権を任せていく以外に方法はなさそうである。

●「マニフェスト」を発表してきたが、民主党自体は政権担当の経験がない

〔2〕の「高い政策立案能力により、優れた政策を構想し、立案すること」について、民主党の政治家たちは、野党ながら能力を高めてきている。自民党の政治家の多くがシンクタンク機能を持つ中央省庁の官僚たちが作成した新政策を頼りにしてきたのとは、大きな違いが生まれてきている。政策立案能力を高める決定的なエネルギーになったのは、「マニフェスト」づくりであった。

マニフェストは英国から伝来した。国民に提示する政策カタログであり、誓約書を意味している。日本における従来の選挙公約とは異なり、「何をいつまでに、どれくらい行うか」について具体的な施策、実施期限、数値目標を明示しなければならない。同時に事後検証性を担保することで、有権者と候補者との間の委任関係を明確化することを目的としている。

このため、「いつ（実施時期）」の「予算（目標設定）」に「何（具体的な施策）」を盛り込み、実現させるかを明文化する必要がある。単なるビジョンではなく、「政権公約」と言われる所

以である。

英国では、国政レベルで各政党が選挙前に「マニフェスト」を発表することから発達し、いまは各政党が有権者にマニフェストを示し、選択させて民意の動向を知り、有権者多数の意思を法律という形にまとめるのが、恒例になっている。そのための道具という性格を持っている。マニフェストづくりは党首主導で慎重に行われており、与党党首（首相）は、まず各界の意見を参考にし、側近の大臣と秘書官にマニフェスト原案を作成させ、党幹部と協議し、決めているという。

ただし、英国の地方行政は、日本とは違い市議会が執行権も担う制度になっているため、「ローカル・マニフェスト」を競い合う場面はなかった。それが、大ロンドン市の誕生を機会に市長選挙にも用いられるようになったという。

これに対して、日本においては、三重県の北川正恭前知事（平成七年四月から平成一五年四月まで在任）が、「事務事業評価システム」を導入し、「三重のくにづくり宣言」発表、「政策推進システム」導入などを行い、そのなかから「マニフェスト」の重要性を唱え、県の行政に活用して実績を上げたのが契機となり、広く知られるようになった。これは、北川個人によるいわば地方発の「マニフェスト」であった。この結果、日本では、英国における発達形態とは違うプロセスを歩むことになった。

北川は二期八年で三重県知事を退陣した後、早稲田大学大学院教授に就任して以来、地方行政ばかりでなく、国政への普及に努めている。

日本の政党のなかでは、民主党が最も熱心に取り入れて、「政権公約」としての「マニフェスト」を発表してきた。だが、未だ政権を獲得するに至っていない。

●大量の「議員立法」による法案を提出している

〔3〕の「巧みな高い立法技術を持ち、それを発揮できること」は、どうであろうか。

民主党は、平成二〇（二〇〇八）年の通常国会に大量の「議員立法」による法案を提出していた。これを政策部門別に分類すると、以下のようになる。

《総務部門》「地方公務員法及び地方独立行政法人法の一部を改正する法律案」「日本郵政株式会社、郵便貯金銀行及び郵便保険会社の株式の処分の停止等に関する法律案」「電気通信事業法の一部を改正する法律案（携帯電話有害サイト接続制限法案）」「戦後強制抑留者に係る問題に関する特別措置法案」「地方税の一部を改正する法律案」「個別の補助金等の廃止による一括交付金制度の創設等に関する法律案（ひもつき補助金廃止法案）」

《分権》「個別の補助金等の廃止による一括交付金制度の創設等に関する法律案（ひもつき補助金廃止法案）」

《政治改革》「公職選挙法等の一部を改正する法律案（インターネット選挙運動解禁法案）」

《外務・防衛部門》「テロ根絶法案（アフガニスタン復興支援法案）」

《内閣部門》「銃砲刀剣類所持等取締法及び火薬類取締法の一部を改正する法律案」「特定連合国裁判被拘禁者等に対する特別給付金の支給に関する法律案」（※通称：韓国・朝鮮人元ＢＣ級戦犯法案）」「子どもが安全に安心してインターネットを利用できる環境の整備に関する法律案（仮称）」「宇宙基本法案（超党派議員立法）」
《人権・消費者》「オウム真理教犯罪被害者等を救済するための給付金の支給に関する法律案」「消費者権利擁護官法案（仮称）」（※通称：消費者オンブズパーソン法案）
《税制》「租税特別措置法の一部改正案」「揮発油税等の税率の特例の廃止、道路特定財源諸税の一般財源化及び地方公共団体の一般財源の確保のための関係法律の一部を改正する等の法律案（特定財源制度改革法案）」「租税特別措置の整理及び合理化を推進するための適用実態調査及び正当性の検証等に関する法律案（租特透明化法案）」「所得税法等の一部改正案（非日切れ法案）」「租税特別措置法の一部改正案（日切れ法案）」「揮発油税等の特例の廃止に伴う調整措置の実施に関する法律案（ガソリンスタンド対策法案）」「保険業法等の一部を改正する法律の一部改正法案」「法人税法の一部改正案（特殊支配同族会社役員給与損金不算入措置廃止法案）」
《予算》「財政運営の抜本的な見直しの推進に関する法律案（予算機能転換法案）」
《厚生労働部門》「障害者自立支援法及び児童福祉法改正案」「特定肝炎対策緊急措置法案」「児童扶養手当法の一部を改正する法律案」「介護労働者の人材確保に関する特別措置法案」

「高齢者医療負担増廃止法案」「身体障害者福祉法の一部を改正する法律案」「原子爆弾被爆者に対する援護に関する法律の一部を改正する法律案（在外被爆者支援）」（＝再提出）「労働者派遣法等改正案」「歯の健康の保持の推進に関する法律案」

《年金調査会》「国民年金事業等の運営の改善のための国民年金法等の一部を改正する法律の一部を改正する法律案（年金保険料流用禁止法案）」「基礎年金番号を用いての把握がなされていない年金個人情報に係る本人の特定に関する調査の実施等に関する法律案（「ねんきん特別便」緊急支援法案）」「国民年金の任意加入被保険者であった者が納付した超過分保険料の還付のための国民年金法等の一部を改正する法律案（国民年金過払い還付法案）」

《経済産業部門》「官製談合防止法・独占禁止法等改正案」

《法務部門》「民法の一部を改正する法律案（選択的夫婦別氏等法案、衆継続）」「刑事訴訟法の一部を改正する法律案（取調べ可視化法案）」「非自然死体の死因等の究明の適正な実施に関する法律案（死因究明二法案）」「法医科学研究所設置法案（死因究明二法案）」「刑事訴訟法の一部を改正する法律案（取調べ可視化法案）」「民法の一部を改正する法律案（選択的夫婦別氏等法案、参提出予定）」「性同一性障害者の性別の取扱いの特例に関する法律の一部を改正する法律案」「民法等の一部を改正する法律案（嫡出推定制度改善法案）」

《文部科学部門》「学校施設耐震化促進法案」「スクールカウンセラー法案」「高校無償化法

案」「教科書バリアフリー法案」「義務教育事務の緊急移管制度創設法案」「学校安全対策基本法案」「教員数拡充法案」「研究開発力強化法案（仮称・超党派議員立法）」
《子ども・男女共同参画調査会》「子ども手当法案」
《農林水産部門》「農業者戸別所得補償法案」「牛海綿状脳症対策特別措置法の一部を改正する法律案」「輸入牛肉に係る情報の管理及び伝達に関する特別措置法案」
《食の安全・安心対策関連法案》「食品情報管理伝達システムの導入の促進に関する法律案」「農林物資の規格化及び品質表示の適正化に関する法律等の一部を改正する法律案」「食品の安全性の確保を図るための農林水産省設置法等の一部を改正する法律案」「農林漁業・農山漁村再生基本法案（仮称）」
《国土交通部門》「交通基本法案」「離島振興法等の一部を改正する法律案」「下水道法等の一部改正案」
《環境部門》「環境健康被害者等救済基本法案」「土壌汚染対策法の一部を改正する法律案」「生物多様性基本法案」「石綿による健康被害の救済に関する法律の一部改正案」
《殺虫剤規制関連2法案》「殺虫剤等の規制等に関する法律案（仮称）」「害虫等防除業の業務の適正化に関する法律案（仮称）」「水俣病に係る被害の救済に関する特別措置法案（仮称）」

日本の国会法は、議員立法を提出するための要件として、衆議院の場合、一般の法案は二〇人以上の賛成を、予算関係法案は五〇人以上の賛成を必要としている。つまり、議員提出法案といっても、個人が独力で法案を提出することはできないのである。日本では、法律案は主として官僚機構を通じて作られ、それを政府案という形式で議会にかけることが通例である。

しかし、政治家が官僚から政治の実権を取り戻すには、これまで官僚が独占してきた「法律づくりの技術」に個々の政治家が習熟していかなければならない。自民党は年功序列が壁になり、若い議員が政策立案や立法に携わるのは無理だが、民主党では一年生議員でも政策立案にかかわり、相当な仕事ができるようになっている。自民党と十分に張り合える勢力になってきており、二大政党で新しいタイプの議員がどれくらい出てくるか注目される。

そもそも国権の最高機関である国会（憲法第四一条）は、立法府であるから、衆参両院の個々の国会議員は、「法律を作る」のが、主たる仕事である。「法律を作る」とは、自らの手で「法文を書く」ことであり、政府提案の法案に賛否の意志を示すだけが仕事ではない。このため衆議院議員、参議院議員ともに、日々「立法技術」を磨き、「立法能力」を高める努力をし、「議員立法」に全力を上げなければならないのである。

●「あまり財務省をいじめすぎると、後難が恐い」と憂慮する

〔4〕強い官僚統御（コントロール）術を駆使できること。

「あまり財務省をいじめすぎると、後難が恐い」と民主党の小沢一郎が、「政権交代後」を憂

慮している。小沢一郎は、大蔵官僚出身の藤井裕久元蔵相をはじめ、斉藤次郎元大蔵事務次官ら財務官僚との太いパイプを持っているだけに、日銀総裁人事をめぐり、民主党の岡田克也元代表、仙谷由人元政調会長、野田佳彦元国対委員長らから噴出した「財政金融分離論」にこだわるのを嫌っていた。財務省を敵に回していると、民主党政権が実現した暁に、政権運営に支障が出る危険性があるからだ。

このため、政府が提案した日銀の「武藤敏郎副総裁（元初代財務事務次官）昇格案」に最後は賛成するつもりだった。かといって民主党内の「原理主義者」をムゲに切り捨てることもできず、参議院本会議場での「不同意」採決を許さざるを得なかった。

この結果、小沢代表自身、政権を奪取してもいない段階から「リーダーシップ」と「政権担当能力」の欠如を疑われるハメに陥り、どの道も選べず、「痛し痒し」の有様であった。

●民主党の若い国会議員は、基礎的訓練が不足している

〔５〕国会運営・対策術を上手に展開できること。

平成一八（二〇〇六）年三月の初め、残念ながら「偽メール問題」で、民主党は結党以来の危機に立たされた。ライブドア前社長の堀江貴文被告の事件や耐震構造偽装問題、防衛施設庁の談合事件に加えて、永田寿康議員の「送金メール」疑惑といった四つの問題が出てきたからである。野党の立場で政府と自民党を追及していかなければならないときに、逆に、攻められ

るようなことになってしまった。国会審議が混乱し、収拾に困り果てていた鳩山由紀夫幹事長が、弱気になって、「幹事長を辞める」と言い出した。野田佳彦国対委員長も前原誠司代表も傷ついていた。そのうえ、鳩山幹事長までもが辞めたのでは、民主党はつぶれてしまう。鳩山は、渡部恒三に直接打診した。

「国対委員長を引き受けていただけませんか」

渡部は、夢にも考えていなかったので驚いた。鳩山は、

「川端さんに頼んだけれども断られました」

と言っている。川端達夫は、渡部が信頼している一人で幹事長も国対委員長も歴任していた。

「おれがもういっぺん頼んでやるから」

渡部が自分の部屋から川端達夫議員（衆議院滋賀1区選出）に電話すると、耳は傾けていたものの、受けてくれない。鳩山に訊ねると、

「最初に菅君に頼んで断られました」

という。思いつく人の名前を挙げて聞いてみても、鳩山の表情は冴えない。

「六人くらいに頼んでみたけれども断られました」

渡部がどうしたものかと考えていると、

「渡部先生、国対委員長を引き受けていただけませんか」

と言う。衆議院副議長や大臣を歴任してきた立場や民主党の将来を考えると、渡部が国対委

員長を引き受けられる立場ではなかった。

「もし引き受けてもらえなかったら幹事長を辞めます」

渡部は、二大政党をつくろうとして、小沢一郎や羽田孜と自民党を飛び出して政治生命を賭けてきた。代表も、幹事長も、国対委員長もいないとなると、民主党はそこで倒産してしまう。ここで渡部が国対委員長を断ったとなれば、民主党がつぶれてしまう恐れがある。

「初志貫徹できない」

民主党を救った渡部国対委員長誕生の瞬間であった。

渡部は平成一八（二〇〇六）年三月三日、正式に国対委員長に就任し、民主党両院議員総会で挨拶した。会津訛の独特の語り口で、開口一番、

「未熟ながらお引き受けした」

と切り出した。すると、ドッと笑い声が沸き上がり、沈んでいた空気がその一言で一変し、出席している面々の気分がほぐれ、元気づけられたという。

渡部は、「送金メール」問題の後遺症に悩む党運営に四苦八苦の毎日だった。民主党には、若い政治家が多数を占めているだけに、政治家として経験不足は否めない。国会対策をはじめ国会運営、あるいは各委員会での質疑に至るまであらゆる面で基本的な訓練ができていないのである。ベテラン議員から徹底的に訓練を受けなければならないのである。

●ロシアから尊敬されている鳩山由紀夫は、日ロ平和友好条約締結交渉に期待

〔6〕外交交渉術に優れていること。

日本の外交官は、「外交のプロ」と言われながら、実は「交渉下手」で有名である。ましてや「根回し」や「ガス抜き」も得意ではない。どちらかと言えば不得意である。どうしてこんな体たらくな外交官ばかりなのか。それは「外交」を「交渉」ではなく、「儀式」と錯覚してきたからである。外務省流に言えば、「儀典外交」である。日頃は「パーティ」に熱中して、高級ワインに酔い痴れているのである。このことを鈴木宗男（元沖縄開発庁長官）に暴露され続けている。

「交渉下手」を世界にさらけ出しのが、小泉純一郎首相時代に行われた「国際連合安全保障理事会」の「常任理事国入り」を目指す画策であった。

「時間」と「労力」、そして「大金」をかけたにもかかわらず、大失敗に終わったのである。税金のムダ使いも甚だしい。外交交渉は「テーブルにつく前に八割では逆転される」というのが常識であるのに、その「八割の勝算」すら確信しないまま、交渉に臨んだとしか思えない拙劣さであった。

これに対して、民主党には、外交交渉に期待を持てる政治家がいる。その代表者が、鳩山由紀夫である。日本国民懸案の「日ロ平和友好条約の締結」は、ロシアから最も尊敬されている鳩山家でしか到底成し得ない大事業である。民主党政権が誕生すれば、日本外交は、劇的に大

進展する可能性が大である。それは戦後、これまで停滞してきた「日本海外交」の前進が期待できるからである。

日本国民はもとより、とくに鳩山家が宿願としてきた「日ロ平和友好条約の締結」が実現すれば、これをテコに世界が変化を起こし、この偉業によって日本が救われていくのは、確実である。大事業達成の暁には歴史教科書に記述され、後世に伝えられていくことになる。

さらに、経済発展目覚しい「ＢＲＩＣｓ」（ブラジル、ロシア、インド、中国）のうち、中国とロシアを擁する地域において、「日本海外交」を大進展させることにより、東アジアの平和と安定が確立され、世界の目は日本海貿易に集まり、日本における太平洋側と日本海側との「地域間格差」が解消されるキッカケとなり、ひいては、「企業間格差」「階層間の所得格差」も自ずと解消へと向かっていき、バランスの取れた経済発展が期待されるのである。

●手段・方法の違いはあっても、党員を一致団結させなくてはならない

〔７〕代表をはじめ幹部たちが熟練した統率術を持ち、人心収攬により、与党を一致団結させ得ること。

普通の国会議員の場合は、「老壮青」のそれぞれの年代がいた方がよい。衆議院議員の場合は、活発に動き回らなくてはならないので、若者が中心になるのがよい。しかし参議院には衆議院がときにより過激になるのを抑える機能と緊急集会の機能が期待されているので、高齢者

の存在も必要となる。

これからの政治家は、使命や機能の違いによって、年齢層がそれぞれに相応しい役割を果していくことが求められる。

若い世代がこれから次第に、高齢者の問題への関心をあまり持たない状況が深まる可能性が高い。高齢者がこれに対応するには、高齢者もそれなりの政治集団をつくって、既得権益や権利の拡大に積極的にならざるを得なくなる。精神科医師であるなだいなださんが、バーチャル政党「老人党」を立ち上げているのは、こうした不安が募ってきているからであろう。

「高齢者の権利は、高齢者の手で」

高齢化が進んでいけば、これが新しいスローガンになっていくかもしれない。これからの二大政党政治時代には、「高齢者」の支持をどれだけ多く受けられるか否かが、政党の消長を決めることになる。

●マスコミとうまくつきあえ

〔8〕マスコミ対応術により、メディアとの関係、付き合いを良好に維持できること。
第四四回総選挙の結果、四八〇議席のうち、自民党が二九六議席を獲得して圧勝した。公明党は三一議席を取り、与党は、三二七議席を得て、総定数の三分の二（三二〇）を超えた。

この総選挙は、小泉純一郎首相（自民・公明連合軍）と岡田克也代表（民主党）の事実上の一騎打ち、まさに「真昼の決闘」で、早撃ちの名人・小泉首相が一瞬のうちに岡田代表を仕留めた劇的なドラマであった。

小泉首相の勝因は、

①複数の候補者のなかから一人を選べる中選挙区制度と違い、小選挙区比例代表制度は、英国の「純粋小選挙区制度」への過程にある制度だが、ロンドン遊学の経験のある小泉首相は、英国の小選挙区制度による総選挙の性質をよく知っており、「党首主導の党営」「党が地盤に関係なく候補者を選び、送り込む」「政策を争う」選挙を日本の選挙史上、初めて実施した。「地盤・看板・鞄」の「三バン」のうち、とりあえず、「地盤」（地縁・血縁）を無力化する第一歩に乗り出した。

②小泉首相は「二大政党政治」時代に入っている状況変化を熟知し、マニフェストの二者択一を有権者に迫る制度の特質を駆使し、有権者に選択と決断を迫り、成功した。とくにパソコンを使い慣れた人々の「０」か「１」かの思考が投票行動に表れ、小泉首相に味方した。

③「捨万求一」（他のことは捨てて一つのことを追い求める）の言葉に従い、郵政民営化一本に選挙の争点を絞った。

④博打・小泉純一郎の真価を発揮して「オールイン」（すべての持ち金を賭ける）決戦に出た。

⑤「郵政民営化」の実現のためなら「殺されてもいい」と壮絶な覚悟を国民に示し、有権者

の共感を得た。
⑥織田信長の「余はこの国の無能者の掃除人になることを決めた」という言葉通り、造反者を一掃する覚悟を決め、「刺客」（くノ一を含む）を造反者に向けて発した。
⑦「小泉劇場」の原作・演出・主役となり、選挙勢の主導権を握り、マスコミを巻き込み、「勢い」をつけて押し出し、決勝点に向けて突撃した。とくに、気さくな感じの小泉首相のキャラクターが、国民・有権者に好感を持たれた。
⑧公明党の全面協力が、自民党候補者の得票上積みに最大の効力を発揮した。
⑨靖国神社への公式参拝に苦慮する心情が、日本遺族会ばかりか靖国神社シンパの同情と共感を得た。
⑩国民・有権者が、久し振りに選挙を楽しむことができた。

かたや、岡田代表の敗因は、
①「まさかの解散」に準備が整わず、出遅れた。
②「小泉劇場」に振り回された。
③「壺」に手を入れて、あれもこれもつかもうとして、何もつかめなかった。欲張りすぎた猿の真似をしてしまった。
④小泉首相の「オールイン」に圧倒され、心理的に圧迫を受け続け、自由を奪われた。

⑤「政権交代」を強調する余り、「欲望」が見えすぎ、「一つに賭ける覚悟」が国民に伝わらなかった。
⑥小選挙区比例代表制度が、つねに民主党に有利に働くものという思い込みが激しすぎた。
⑦投票率が上がれば、無党派層が味方し、民主党が有利に選挙戦を展開できると安易に考えすぎ、油断していた。
⑧小泉首相の勢いを押し返す「潮目」をつかめず、反撃の「妙案」も考えつかなかった。
⑨全国の国民・有権者のなかの一部に潜む「ジャスコ憎し」「イオングループ憎し」の数々の怨念が、岡田民主党への「拒否感」を招いた。
⑩岡田代表が「靖国神社には参拝しない」と発言し、日本遺族会や靖国神社シンパを敵に回してしまった。
⑪岡田代表の「生真面目すぎるキャラクター」が、国民・有権者に「息苦しさ」を与え、「この顔を見続けると胃潰瘍になる」かという不安感を抱かせた。

小泉首相も岡田代表も、「織田信長」を尊敬しているという。小泉首相は、街頭演説で、「戦国武将の生きざまに比べれば、いまの自民党の権力闘争なんていうのは、甘っちょろいもんです」

と絶叫していた。

自民党を引き合いにして、民主党との権力闘争についても、同様のことを言っているふうであった。博徒・小泉からみれば、「岡田代表は、まだまだ修業が足りない」と映っていたようである。

平成一九（二〇〇七）年七月の参議院議員選挙を迎えた。今度は、自民党と公明党に逆風が吹き、民主党など野党が勝利した。与党劣勢の原因として考えられるのは、以下の通りであった。

①中越沖地震により日本の「原子力安全神話」が脆くも崩壊し、自民党、公明党の原子力政策がいかにいい加減であったかが、露呈してしまった。

②年金問題の解決方法が、「選挙期間中」だけの「まやかし」に見えた。

③独壇場であるはずの「北朝鮮による拉致事件」について、何ら「結果」を出していない。

④自民党と公明党の選挙協力が、「マイナス」に作用している。いかに連立政権であっても、選挙になれば、友党同士と言えども、切磋琢磨して競い合ってこそ、票を伸ばせるのに、両党が依存し合っているため、却って、戦闘力が低下している。かつて、派閥連合体の自民党が、複数候補者を立てて戦い、多数の当選者を出したときのころを思い出すべきである。とりわけ、自民党の支持者の大半が、創価学会を生理的に嫌っているということを忘れている。自民党員の名簿を個々の党員の了解もなく、公明党に渡すのは、個人情報保護法違反にもなる。

⑤安倍首相の「美しい国」が、曖昧模糊としており、単なる「幻想」にしかすぎず、それも「戦争の悪夢」という印象を国民に与えている。安部首相の大人気ない言動に対して、「最高指

導者としての風格」が感じられないという失望感を有権者が強めていた。

小沢一郎は、このフォローの風に対して、「気を緩めるな」と檄を飛ばしていたという。報道機関の世論調査の結果に浮かれていると、足下を掬われる。「油断大敵」である。

選挙のときは、とくにトップリーダーの熟練した統率術が勝敗を決する。老獪、老練な人心収攬術が物を言う。手段・方法の違いはあっても、党員をいかに一致団結させ得るかが、問われるのである。

第7章　民主党への提言――「友愛民主党」となれ

●小沢一郎は、「雄姿」を示せ

旧陸軍東部軍・元参謀の大橋武夫氏は、「統帥綱領」の解説書のなかで、「将帥の真価は実に難局に際して発揮される」という項目に「付言」して、以下のように述べている。

「〔付言〕演出・演技　一八〇〇年六月のマレンゴの会戦において敗退したフランス軍も、駈けつけたナポレオンが、その雄姿をラ・ポギの丘に現すと、俄然勢いを盛り返して大勝した。一八一〇年頃以後、フランス軍が漸次斜陽化した時期においても、ナポレオンが一度陣頭にたてば、彼の将兵はたちまちかつての勇武をとり戻した。ナポレオンは、将兵の感情を揺さぶり、熱狂的に沸きたたせることに妙を得ていた。その秘密は何であろう。

第一は彼の威容である。

第二はその雄弁である。

第三は彼が勝つことである。

第四は彼について行けば利益があったことである。

ナポレオンの軍が大きくなり、彼の作戦地が富裕なヨーロッパを離れるに従って、統率力を失ったのは、これらがなくなったからである」


民主党の小沢一郎は、自民党の福田康夫首相と干戈《かんか》を交える。小沢は福田首相に優る雄姿を示さなければ、勝利は得られない。敢えて民主党に苦言を呈するならば、小沢代表は、ひたむきに地回りするのはよいとしても、民主党員やシンパ、そして有権者の前に雄姿を現さなければ、確実に敗北するであろう。いまから断言してもよい。

●「自由・平等・友愛」の「友愛」を旗印に掲げよ

人間がまとまって集団行動するには、少なくとも集団の目印となる「旗」が必要である。その「旗」には、次のような機能がある。
①遠距離からでも視認できるようにするため②情報の伝達手段③実績を表彰する、あるいは

表す（優勝旗、準優勝旗）④所有者が所属する集団の識別⑤集団のアイデンティティの拠りどころ（部隊旗など）⑥慶弔の意の表明⑦目印⑧装飾。

しかし、「旗」は、これらのほかに大きな効果をもたらす機能を持っている。それは、集団の指導者が目指す政治思想・理念・政治目的を示し、集団の意識を一つにまとめると同時に天下に衆知させる機能である。

武田信玄の「風林火山」は、「孫子の兵法」を受け継ぐ武門の頭領・源氏の嫡流として「天下を目指す」との意志を、織田信長の「天下布武」は「武力による天下統一」の強い意欲を、徳川家康の「厭離穢土　欣求浄土」は、「戦乱が多く苦しみに満ちた国（土地）から離れ、平和な理想の国（土地）を心の底から求める」、すなわち「戦国時代を終わらせ、日本に平和な時代をもたらす」という政治的願望を、それぞれ宣言していた。

この意味から、とくに政治集団には、国民のだれの目から見ても、一目でわかるメッセージが、「旗」に込められていなくてはならない。メッセージに共感する同志が、この旗印を掲げる指導者の下に集まり、行動を共にする。それだけに旗は、大事なものなのである。現代では、集団のメッセージは、旗だけでなく、ロゴマークに込められて発信されている。

民主党のロゴマークは、現在の民主党が平成一〇（一九九八）年四月に結党されたときに作られ、旗としても利用されている。数多くの広告デザインにかかわってきたデザイナー・浅葉克巳の作である。浅葉によると、次のような意味が込められているという。

「二つの円。二つの球。これは、『民の力』の結合の象徴です。円は、球は、止まっていない。みなぎる力で動いてゆく。育ってゆく。生命体のように、成長しつつ、融合しつつ、新しい形を生み出していく。円は和でもあります。語り合い、論じ合いながら、一つの力になっていく。その無限大∞の形に、未来への限りない可能性を示しつつ、真紅に、『民の力』は統合されていくのです」

ちなみに菅直人と鳩山由紀夫が結党した直後、「二人代表制時代」の「民主党」ロゴマークは、民主党の英語表記「The Democratic Party of Japan」の「D」をイメージしていたという。

しかし、民主党のロゴマークは、解説されれば、確かに深遠な意味が込められていることは理解できるけれど、一般国民には何を意味しているのか、一目ではわかりにくい。民主党が立脚している「思想・理念」がはっきりと伝わってこないからである。

第5章でもふれたが、フランス革命のときに掲げられた「自由・平等・友愛」（向かって左の青＝自由、真ん中の白＝平等、右の赤＝友愛（博愛））を表す三色旗に沿って言うなら、自由民主党が「自由」に、社会民主党が「平等」にそれぞれ力点を置く政党であることは、明らかである。それならば、「友愛民主党」が登場してもよさそうである。

だが、ただの「民主党」では、一体、どれに力点を置いているのか曖昧である。「共和党と民主党」の二大政党によって政治を行っているアメリカに倣い、もしかしたら「自由民主党」

に将来、「共和党」に改名してもらうのを期待して、民主党と命名し、二大政党制を指向しているのかもしれない。それにしても、いまのところは、自由民主党と社会民主党に加えて、ただの民主党というのでは、存在感がいかにも希薄である。

菅直人と並び、民主党の創業者であり、事実上のオーナーと言っても過言ではない鳩山由紀夫が、「友愛主義」を基本的政治思想としているところに着目すれば、「友愛民主党」と命名していれば、民主党のポジションが国民の目にも鮮明に映ってきたはずである。

「友愛」は、「博愛」と同意語である。「友愛主義」は、敬愛する鳩山一郎（首相）が追求した理想であった。直系の孫である鳩山由紀夫は、この「友愛主義」を継承し、新しい政党「民主党」の立党精神に、この基本的政治思想を吹き込んでいる。鳩山由紀夫は、民主党結党時、こう説明していた。

「『自由』が行き過ぎれば、弱肉強食となり、『平等』が行き過ぎれば、悪平等を招く。この真ん中に立ち、それぞれの行き過ぎた面を調整し、バランスを取る『中庸』の精神が、『友愛』の意味である」

自由と平等のそれぞれの行き過ぎを抑制、調整して、「中庸」を図る「友愛」の道を歩もうとしていたということである。それ故にこそ、民主党は、本来ならば「博愛民主党」と命名すべきであった。いまさら、ロゴマークを変えられないのであれば、せめて、「自由・平等・友愛」の「友愛」を強く訴える「補助のロゴマーク」あるいは「代用旗」（天皇旗である錦の御べきである。

旗の代用旗である日の丸の旗）を掲げて、政治目的を一般国民の目と意識に強烈に焼き付ける

●現行の年金制度をチャラにして新制度にせよ

日本の年金制度は、すでに破綻しており、もはや末期症状である。安倍首相と民主党の小沢一郎代表が党首討論を行い、「年金問題」をめぐり激突したその直後に、衆議院厚生労働委員会において、与党が年金時効撤廃特例法案を強行採決するとは、ほとほと呆れ果ててしまう。穴だらけの年金制度をいくら繕っても、「破れ傘」を元通りにするのは、不可能である。国民年金加入者の半分近くが、保険料の未納者という現実を知れば、この制度が存続困難であることは、誰の目にも明らかである。

この際、すべての年金制度をチャラにして、新しい制度に切り替えて出直した方がよい。日本の社会保障制度は、原点に戻って、スウェーデン、デンマークに見習い、消費税二五％にして運営すべきである。六五歳以上の高齢者に年金として「一人当たり月額二〇万円」を支給する。高齢者三〇〇〇万人時代には、年金支給総額は、年間七二兆円となり、一般会計予算を合わせて概ね一六〇兆円あればよい。ただし、高齢者は、受給した年金は、その年に使い果たすことを絶対条件とする。こうなれば、おカネがぐるぐる回り、経済は活性化する。ちなみに、すでに多額の保険料を支払っている共済年金、厚生年金をはじめ、国民年金加入者には、「国

債」を渡しておくことが大事である。政治家の多くが、坂本竜馬のファンと言うけれど、「日本を洗濯しちゃるけん」と姉の乙女に大法螺を吹いた竜馬ほどの気概を持っている政治家が、民主党から登場すべきである。

●戦後日本の厚生官僚の多くは、スウェーデン、デンマークを目指した

戦後日本の厚生官僚の多くは、北欧の高度福祉国家、スウェーデン、デンマークを目指して所得保障・医療・福祉政策の充実に努めてきた。戦争により廃墟と化した東京、そのなかで上野公園での生活を余儀なくされた浮浪者や孤児たちの姿を見て、日本再建と理想国家づくりを志した。

政府自民党は昭和三四（一九五九）年四月国民年金法を、昭和三六（一九六一）年四月、健康保険法を制定し、国民皆年金、国民皆保険制度を導入した。また昭和三八（一九六三）年七月一日、老人福祉法を制定し、日本の法体系のなかに初めて「老人」という言葉が、法律用語として規定されたのであった。

●田中角栄首相は、七〇歳以上高齢者の医療費無料制度を全国に広めた

さらに昭和四七（一九七二）年七月七日に就任した田中角栄首相は、美濃部東京都知事が実施していた七〇歳以上高齢者の医療費無料制度を全国に広めた。

だが、昭和四八（一九七三）年一〇月と昭和五四（一九七九）年一月の二度にわたるオイル・ショックにより国家財政がピンチに陥り、「高齢者医療の無料制度」が維持できなくなった。政府自民党は、名古屋大学経済学部の飯田経夫教授を招き、福祉政策の見直しを依頼、飯田教授は、「日本型福祉社会」という言葉を発明した。これを受けて、厚生省と大蔵省は、昭和五六（一九八一）年八月の概算要求から「高齢者医療費の一部有料化」に踏み切った。以後、高齢者の医療費負担が、年々重くなっている。

●「日本型福祉社会」の再生は、事実上、不可能となっている

しかも、核家族化や一人暮らしの増加は、現在でも続いており、「日本型福祉社会」の再生は、事実上、不可能となっている。にもかかわらず、平成一八（二〇〇六）年九月二六日に就任した安倍晋三首相は、同月二九日の国会における初の所信表明演説のなかで、「日本型の社会保障制度の構築」を公約として明示していた。

日本の世帯数の四分の一が単独世帯、東京都内には住民の六〇％が「一人暮らし」という地域もある。有史以来、解決不可能といわれる「嫁と姑の確執」から二世代、三世代が同居したがらない風潮が強まっている。山岳地帯、農村地帯では高齢者ばかりの地域がほとんどで、なかには、村落が崩壊してゴーストタウンどころか、風化して自然へ戻っているところも増えている。日本列島がこんな惨状を示しているというのに、安倍首相は、何を「日本型福祉社会」

などとスッとぼけたことを言ったのか。それも衆議院本会議場で、堂々と演説したのである。「美しい国」もいいけれど、小中学校の学級委員会でもあるまいし、「美化委員」程度の安倍内閣では、「超高齢社会」のあり方を論ずるのは、所詮、ハナからムリのようであった。

であるならば、「市井の片隅」からでも、しっかりと「幸福社会」という「青い鳥」を探していくしかあるまい。

●「負担と給付について国民のコンセンサスを得なければならない」

シンプルに言おう。「福祉目的税」に使うために消費税を仮に「二五%」まで引き上げるにしても、その前に国民に聞くことがある。それは、「コンセンサス」を得ることである。厚生省が二五年も前から、「負担と給付について国民のコンセンサスを得なければならない」と言っていた。

その延長線上で言うならば、「どんな国家社会を望むか」を聞かなくてはならない。「日本の進むべき行き先」である。それを曖昧なままにして増税を明言するのは、順序が違う。「目的」（日本がめざす国）と「手段」（税金）を取り違えてはならない。何に使うかがはっきりしているとしても、「めざす国家社会像」が明確でなければ、官僚たちに食い散らかされるのがオチだ。

●再びスウェーデン、デンマークを目指すための「四つの思考方法」

日本がどのような「福祉社会」を目指すかについては、概ね、次の「四つの道」が考えられる。
①「北欧型社会」（スウェーデン、デンマーク）
②「日本型社会」
③「アメリカ型社会」
④「曖昧模糊型社会」

日本の家族制度はかつて「美風」ともされてきた。しかし「日本型社会」の再生がもはや不可能である現状に鑑みるなら、この際「消費税二五％」になるにしても、思い切って「北欧型」の「高度福祉社会」を目指す道を歩まざるを得ない。

北欧のスウェーデン、デンマークを「モデル」（理念型）として、再び「高度福祉社会」の建設をめざすには、次のような四つの思考方法で「テーマ」を明確にしていくことになる。

①北欧のスウェーデン、デンマークの現実を参考にしながら、日本がめざす「高度福祉社会」の「モデル」（理念型）を描く。
②日本社会の現状をできる限り正確に把握する。
③日本社会を「モデル」（理念型）に近づけるに当って、前途に立ちはだかる「諸問題」（障害）を整理する。
④「諸問題」（障害）の解決策を見つけ出す。

このプロセスのなかで、「①と②」は、「③と④」にステップ・アップしていくうえで、じっくりと研究しておく必要がある。とくに北欧のスウェーデン、デンマークについての現状認識と、これらの国々が抱えている問題点の摘出は、欠かせない。

ただし、北欧のスウェーデン、デンマークが、現実に多くの問題を抱えていたとしても、それらは、日本がめざす「モデル」(理念型)を放棄することにはならない。

北欧型高度福祉社会は、「消費税二五%」の財源、「一六〇兆円予算」で果たして実現可能となるか。

●「現実主義者」に安住していては、新しい未来を切り拓くことはできない

いまのところ、これは一つの理想論に過ぎない。「空想」と言われるかもしれない。だが、「現実主義者(リアリスト)」であることに安住していては、新しい未来を切り拓くことはできない。織田信長の「天下布武」、徳川家康の掲げた「厭離穢土　欣求浄土」、江戸幕末に勤皇の志士たちが大義に掲げた「尊王攘夷」も、初めは皆「夢想」だった。

高齢者三〇〇〇万人が少なくとも、「経済的に安心」して暮らすことができるようにするには、最低限度、次の条件が必要である。

①すべての国民に「快適な住居」が保障されていること。当然、高齢者は、住居を心配する必要がない。

②前述したように、六五歳以上高齢者に毎月一人二〇万円（夫婦で四〇万円）、年間二四〇万円（同四八〇万円）を支給し、所得保障（年間七二兆円）する。ただし、支給金は、必ず費消し、貯蓄してはならない。すなわち、高齢者は、受給した年金はその年に使い果たすことを絶対条件とする。こうなれば、おカネがぐるぐる回り、経済は活性化する。ちなみに、すでに多額の保険料を支払っている共済年金、厚生年金をはじめ、国民年金加入者には、「国債」を渡しておく。

③すべての国民に必要な医療を保障する。

④税制を消費税一本とし、「消費税二五％」の財源により、国全体として「一六〇兆円」規模で国家・地方財政を賄う

⑤個人は「孤独」に堪えることのできる強い自己を確立し、家族に頼ることなく自立的に生活しなければならない。

これらが、現実の日本社会から見れば、甚だ「現実離れ」しているのは、百も承知のことである。しかし、いまの日本のあらゆる制度・システムは、「熱海温泉街」と言われるように、建て増し、建て増しでつぎはぎだらけの構造物になっている。

●再び「所得倍増論」など経済成長政策を打ち出せ

ＮＨＫが平成一九（二〇〇七）年四月一一日に放映した「その時歴史が動いた」（第二八四

回）は、実に感動的だった。「所得倍増の夢を追え〜高度経済成長の軌跡」と題して、池田勇人首相が打ち出した「所得倍増計画」の生みの親である大蔵官僚出身のエコノミスト・下村治を取り上げている。周囲から顧みられることのなかった「所得倍増計画」に目をつけたのが、岸信介首相の後釜を狙っていた大蔵官僚出身の政治家・池田勇人ただ一人だった。

「士は己を知る者のために死す」というけれど、大蔵省の後輩・下村治というエコノミストとその研究成果に目をつけた池田勇人は偉い。人と人との出会いの素晴らしさを感じざるを得ない。最近の高級官僚や政治家と違い、当時の高級官僚や政治家のなかには、真に国民生活を憂え、学問的裏づけを持って世の中をよくしようと考える志士のような人物がいたのである。池田勇人は、広島県竹原市の造り酒屋の出、下村治は、佐賀県佐賀市の出身。「化け猫騒動」で有名な鍋島藩藩士・山本常朝の「葉隠」の一節「武士道とは死ぬことと見つけたり」が思い出される。

下村治が目指したのは、敗戦により荒廃した国土のなかに巣食う「格差」の是正であった。驚くべきは、池田内閣が着手して始まった高度経済成長を示すＧＮＰの足取りが、下村治の計画した「右上がりグラフ」の上を辿っていたことである。予測通りにこんなにうまく行っていたのかと、つくづく感心させられた。

時代背景も経済環境も違うとはいえ、現代日本が抱えて苦吟しているのも、「格差是正」である。地域格差、企業間格差、所得格差に対して、政治家も財務官僚も解決策を見出していない。この意味で「現代の池田勇人、下村治よ、出てこい」と叫び、願わざるを得ない。

●小沢一郎の「絶対生活感」を生かし、自民党を打ち負かす

「絶対生活感」という新しい造語が、脳裏に浮かんだ。かつて三木武夫元首相が「政治は生活の謂いである」と喝破していた。戦前、衆議院議員に立候補したときから演説していた名言である。このフレーズを使っているのが、民主党の小沢一郎代表である。著書『小沢主義（オザワイズム）』（集英社インターナショナル）のなかで、小沢代表は、「民のかまど」（第2章）と題して、「日本書記」に登場する仁徳天皇のエピソードを紹介している。

「ある日、仁徳天皇が皇居の高殿に登って四方を眺めると、人々の家からは少しも煙が立ち上がっていないことに気付いた。天皇は『これはきっと、かまどで煮炊きできないほど国民が生活に困っているからに違いない』と考えて、それから三年の間、租税を免除することにした。

税を免除したために朝廷の収入はなくなり、そのために皇居の大殿はぼろぼろになり、あちこちから雨漏りがするほどになった。

しかし、その甲斐あって、三年の後には国中の家から煮炊きの煙が上るようになった。このときに詠んだとされるのが、

高き屋に　のぼりて見れば　煙立つ　民のかまどは　にぎはひにけり

という歌である。この感覚こそ「政治の本質」、すなわち「政治の要諦」であろう。政治の最高目的は、「経世斉民」にあると言われる所以である。この意味で、小沢代表は、「絶対生活感」を持ち、この感覚に基づいて政治を行っている政治家と言える。

これに対して、福田首相は、安倍晋三前首相と同様、「絶対生活感」のカケラさえ感じられない。

福田自民党ＶＳ小沢民主党の対決となる次期総選挙は、平成一九（二〇〇七）年七月二九日の参議院議員選挙の延長線上で、「国民の生活感」が「最大の争点」となる。「福田首相の他人事政策」ＶＳ「小沢一郎の絶対生活感政策」となるはずである。

過去一〇年を振り返ると、年間三万四〇〇〇人前後の自殺者（このうち三分の一が経済的理由）を生みだしている。東京都内を走っている電車には連日のように自殺とみられる人身事故が起こっており、毎年三〇〇人前後の人が飛び込み自殺をしている。

また、全国には二万四〇〇〇人のホームレスが依然として存在している。生活保護者も増え続けている一方である。ワーキングプアという新語もすっかり定着した。これら格差がもたらす社会不安からか、殺人事件も多発している。この現実を深刻に受け止めて手を打つこともなく、「失政」を続ける「庶民の生活を忘れた政治家」は、「歌を忘れたカナリア」よりもタチが悪い。

●明治以来の「官僚制度」の弊害を解消せよ

民主党が、国民の選択により、政権政党となるには、自民・公明与党の政策との対立軸を鮮明にしなくてはならない。政策が似たり寄ったりでは、国民がどちらを選んでよいのか、皆目見当がつかなくなるからである。白黒をはっきりさせておくべきである。灰色でもいけない。小沢一郎は平成二〇（二〇〇八）年一月、こう檄を飛ばしている。

「『絶対的な権力は絶対に腐敗する』という格言の通り、自民党長期政権の下でいま、政治も行政も腐敗し切っています。『消えた年金』問題、薬害肝炎、防衛省汚職などを見れば明らかです。一方でいまの自公政権では、国民の生活負担が増え、様々な格差が拡大して、国民の不安や不満はすでに限界に達しています。年金、医療、介護も、雇用、教育も、国民の自助努力ではもうどうにもなりません。それだけでなく、国民の不公正感が制度そのものを崩壊させようとしています。政治を国民の手に取り戻して、社会、国家の仕組みを根本からつくりかえなければ、国民の生活を守っていくことはできません。そのためには、もはや、政権を変える以外に方法がないのです。いま、政権を変えないで、いつやるのか。いま、政権交代を実現して『日本の大掃除』をしなければ、国民は救われません。今年こそが、正にその時なのです。何が何でも、今年行われるであろう衆議院総選挙で勝たなければなりません」

この轍のなかで、自民・公明連立与党の政策と根本的に違うまさに「対立軸」の極めつけといえるのは、「社会、国家の仕組みを根本からつくりかえる」という一点である。小沢は、明治維新を念頭に置き、「平成維新」を断行しようとしている。これは、『日本改造計画』の著者である小沢の持論ではあるけれど、いまでも色あせてはいない。明治維新の功労者である西郷隆盛、大久保利通、伊藤博文を尊敬している小沢の真骨頂が、この発言にも現れているのである。

福田康夫首相は、渡辺喜美行革担当相が持ち前の「突破力」で進めようとした独立行政法人改革を挫折させてしまいそうである。亡父・福田赳夫元首相が在任中、「行政改革」に取り組みながら、文部省の二つの特殊法人を一つにしたまではよかったが、フタを開けてみると、組織も予算も膨れ上がっており、「焼け太り」と批判された悪しき前例が思い出される。福田首相は、この悪例を踏襲しそうである。

また、年金記録問題では、「そんなの関係ネー」とでも言いたそうな無責任な態度を依然として取り続けてきた。官僚を大事にし、国民を侮ってばかりいるので、内閣支持率は、確実にどんどん下がっていく。「改革に不熱心で何にもできない首相」というマイナス・イメージが増幅していくと、行き着く先は、はっきり見えてくる。「自民党の葬儀委員長」となってしまうのは、もはや回避できない歴然とした事実になりつつあるのである。

●自民党道路族の利権を打ち破れ

福田首相は平成二〇（二〇〇八）年三月二七日、記者会見し、ガソリン税の暫定税率を維持する租税特別措置法改正案など税制関連法案をめぐり、道路特定財源の平成二一（二〇〇九）年度からの一般財源化などを柱とする新提案を行い、自民党内に激震を与えた。

「ガソリン税の暫定税率」は、昭和四九（一九七四）年四月一日から二年間の暫定措置として実施された揮発油税・地方道路税・自動車取得税・自動車重量税の税率引き上げ（軽油引取税は一九七六年から）が三四年、延長を重ねてきた。元々は、一九七三年から一九七七年度の道路整備五か年計画の財源不足に対応するための措置だった。それが、いつの間にか、自民党道路族の既得権と化してきていたのであった。

しかし、福田首相が、遅きに失したとはいえ、突然変異的に記者会見し、「哀願」する姿には多くの国民が驚かされた。これは数日前、小泉純一郎元首相らが料亭に集まり、首相を支援すると約束し励ましたのが相当影響し、小泉元首相が、「策」を授けたようだった。小沢民主党向けであると同時に、自民党内の「福田政権の引き摺り下ろし」を画策していた者たちへのメッセージでもあった。

とりあえず、平成二〇（二〇〇八）年度予算の財源確保のため、やむを得ず憲法第五九条第二項の「三分の二条項」を使って、税制関連法案を可決成立させるものの、道路特別会計の一般会計化は実現するという宣言を意味していた。福田首相の新提案は、言うなれば、小沢民主党と自民党道路族・冬柴鉄三国土交通相に向けての「宣戦布告」であった。自民党内の「道路族」が大きな衝撃を受けたけれど、それは抵抗勢力の抵抗がいかに強烈であるかを改めて証明するものであった。

民主党など野党は、福田首相が「ガソリン税の暫定税率の廃止はムリだ」と頑強に言い、新提案に賛成できないと反発した。これに対して、自民・公明与党は、道路財源にメスを入れて、積年の悪弊を切除しようとして改革に真正面から取り組んでいた小沢一郎、菅直人、鳩山由紀夫、山岡賢次（衆議院国対委員長）らがまるで「極悪人」でもあるかのような宣伝を繰り返した。

一方、自民党道路族と冬柴鉄三国土交通相は、「暫定」と言いながら「三二年以上」（一九七六年）も暫定税率を続けても平気な顔をしている、さながら「改革を阻むガン細胞」であった。

政治の表舞台は一見すると「政府与党VS民主党など野党」という対立構図で動いていると見られていたのが、実は自民・公明与党の内部で「政府VS自民党道路族・冬柴鉄三国土交通相」という対立構図が根強く存在していることがはっきりと炙《あぶ》り出された。自民・公明与党は、利権擁護にこだわる道路族に激しく抵抗され、振り回され、「ガソリン税の暫定税率」「道路特別会計予算」の堅持に汲汲とせざるを得なかった。福田首相の最大の敵は、民主党など野党ではなく、自民党道路族・冬柴鉄三国土交通相であった。この結果、自民・公明与党による「改革の限界」を国民・有権者に見せつけたのであった。

●民主党は、アメリカにはっきり「ノー」と言える政権をつくれ

日本は、いつまでも「対米追従」し続けるのをやめ、自主的な判断で外交防衛政策を展開してもよい時期にきている。その意味で民主党など野党提案の「自衛隊イラク派遣法廃止法案」が参院外交委員か会で可決されたことは、大変良いことであった。

ちなみに、農業問題について言えば、最近アメリカの農家の多くはトウモロコシをエタノール工場に売り、日本への輸出から手を引いてきているという。こちらの方が、儲かるからである。

アメリカは過剰生産する小麦やトウモロコシ、大豆などを日本に押し付けてきたが、儲け先を別に見つけると手の平を返すように、これまでの永い付き合いを無視して、日本への輸出をやめる動きに出る。

日本は、他国の都合に振り回されないようにするため、現在、自給率三八％の農業を一〇〇％に再生し、食糧安全保障政策に力を入れていかなくてはならない。

●民主党は、「軍部台頭」を許さないために「シビリアン・コントロール」を強めよ

大学時代の講義の中で、終戦当時の第一高等学校（現在の東大教養学部）のドイツ語の教授が次のようなことを話したということも聞いた。この教授は、第一高等学校と陸軍士官学校の

教授をしていたという。「第一高等学校から東大に進み、高級官僚になった卒業生が、日本を滅ぼした」という趣旨の話だった。日本を敗戦に追い込んだのは、軍閥だと教えられてきた私には、意外だった。その教授の言うには、軍閥が政治を壟断《ろうだん》するようになったのは、官僚や政治家があまりにもだらしがなかったからだというのである。

軍人勅諭には、「軍人は政治に関与してはならない」と明記されているにもかかわらず、これに反して、陸海軍が「統帥権」を盾にして、政治に関与し、その果てに国が滅んだという理解は、脆くも打ち破られた。軍人勅諭があるのに、軍人をのさばらせたのは、ひとえに官僚や政治家が、国民の生活よりも華族や財閥、富裕層の利益のみを優先する政治を行っていたことに起因していた。「昭和維新」の歌が思い出される。

福田首相は平成一九（二〇〇七）年一〇月一八日、新テロ対策特別措置法案を閣議決定し、衆議院に提出した。有効期限は一年と短いが、この法案は、新法案の採決そのものを国会承認と見なし、事後承認や活動状況の報告に関する規定を外しており、「シビリアン・コントロール」を「大甘」にした欠陥法案であるというしかない。

それでなくても、インド洋に派遣された海上自衛隊艦艇の航海日誌の一部が廃棄されたという不祥事が発覚しており、破棄された期間に、現地で何が起きたか調べようがないという極めて遺憾な状況が起きている。「航海日誌がない」と言われてしまえば、「シビリアン・コントロール」の「空白」は、もはや埋めようがない。

自衛隊に対する「シビリアン・コントロール」が、機能不全に陥っているのは、守屋武昌前防衛事務次官が、小池百合子前防衛相を飛び越して「次官人事」について首相に直訴しようとした実例が証明している。これは、明らかに小池前防衛相という「上官」に対する反抗であり、下克上にも等しい犯罪である。戦前なら、「軍法会議」にかけられて厳重な処分を受けて然るべき大事件であった。

「蟻の一穴」という言葉があるように、いまは大したことではないように見えても、放置しておくと、取り返しのつかないことになってしまう危険がある。日本軍閥が再び台頭することなど、ありえないと思い込んでいると、大変なことになる。いまその気配がある。

「シビリアン・コントロール」の中核は、国会による「民主主義の原理」を徹底的に貫徹することにある。すでに防衛大学校出身の中谷元・元防衛庁長官やイラク先遣隊長（一等陸佐）佐藤正久参議院議員のような「軍人出身者」の政治家が、国会に進出している。彼らの頭のなかは、「軍事の論理」が依然として支配していることを見逃してはならない。何時の間にか、軍部に実権を奪われることがないとは言えないのである。

「軍乱るるは、将重からざるなり」という言葉が、「孫子」にある。福田康夫首相、石破茂防衛相は、まさに「将重からざるなり」である。いかにも軽軽しい。

防衛省事務方のトップだった守屋武昌前事務次官の汚職事件、海上自衛隊からの機密漏洩、護衛艦内における大火災の発生、そしてイージス護衛艦「あたご」（艦長・舩渡健一等海佐）

による漁船衝突事件である。しかも、現場から石破防衛相への報告が、事故発生から一時間半もかかり、福田首相に報告されるまでに二時間以上も経っていたとは、驚きである。これが敵国からのミサイル攻撃だったら、一体どういう事態になっていたか。想像するだけでも、恐ろしい。

これまでの報道からの情報の範囲内に限るが、どう見ても、「あたご」の責任は甚だ重い。これが戦前であったら、艦長以下、幹部士官や下士官、兵は、明らかに軍法会議ものである。

これだけの不祥事の原因は、一つには、最近の防衛省・自衛隊の「驕り」がある。ハワイでの訓練を終えて、意気揚揚と帰還中の「あたご」の乗組員には、「日本の防衛を担っている」という傲慢さとともに、漁船などは軽視する気持ちがあったのではないか。

二つには、ハイテクで装備した最新鋭の護衛艦に頼りきり、目視による「見張り」を怠ったことが考えられる。いかにハイテク技術による「レーダー」が発達したからと言っても、それに全面的に依存していると、大惨事が起きる。

民主党の鳩山由紀夫幹事長は、私見として「石破防衛相は、辞任すべきである」と述べているが、その通りである。緩み切った防衛体制を建て直すには、まず、石破防衛相が辞任し、さらに自民・公明連立与党にもはや「政権担当能力」が失われているのであるから、政権交代を図るべきであった。

●自衛隊海外派遣「恒久法」の危険は回避せよ

民主党は、国連中心主義に立脚するにしても、地球上のどこにでも自衛隊を展開できるような道を開くのは、危険である。自衛隊をいつでも海外派遣できるようにする「恒久法」を制定することは、憲法違反となる。もしこの法案が国会に上程されて成立でもすれば、国民の側からは、裁判所に「違憲立法審査権」を行使してもらわねばならない。司法権、とりわけ最高裁判所は、これまでのように「高度な政治判断」とか「統治行為論」とか、法匪に特有の「屁理屈」を振り回して、責任を放棄することは許されない。

しかし、原点に立ち戻って、ごく冷静に日本国憲法を「文言通り」に読むならば、憲法が「恒久平和主義」を宣言してはいても、「国際貢献」については、何も規定していないことに改めて気づくであろう。せいぜい「いずれの国家も、自国のことのみに専念して他国を無視してはならない」と規定しているのみであって、具体的な「貢献の仕方」までは明示していないのである。日本を武装解除し、「陸海空その他の戦力は保持しない」と手足を縛り、再び軍事的な行動をしないよう連合国軍の軍門の下に日本を封じ込めている状態を大前提にしてつくられた憲法であるからである。従って、これは至極当然のことなのである。しかも、国連憲章には、日本・ドイツ・イタリアを対象とする「敵国条項」が厳然として残っており、未だに削除されていない。死文化しているとはいえ、いつ息を吹き返すかわからない。

要するに、日本は、憲法を文理解釈する限り、「他国のことを無視しない」ように配慮しつつ、軍事的行動には一切タッチせず「一国平和主義」でいくしかないのである。こういう立場を堅持するならば、確かに国際治安支援部隊（ＩＳＡＦ）への参加は、「憲法違反」である。それればかりか、政府自民党が主導してきた、アフガニスタンを対象とした「テロ対策特別措置法」に基づく海上自衛隊のインド洋への派遣も、ましてやイラクへの自衛隊派遣もやはり「憲法違反」と言うほかはない。国際治安支援部隊（ＩＳＡＦ）への参加は、「憲法違反」を声高に言い続けると、政府自民党は必ず自己撞着に陥り、自らの首を絞めることにもなる。

いまや負け戦が明々白々のイラク戦争に、日本は、いつまでもグズグズと付き合っている暇はないのである。イラク派遣の航空自衛隊の輸送部隊を一気に引き上げるべきである。自衛官の貴重な生命を「一兵たりとも」危険に晒してはならないからである。不幸にしてもしも自衛官から犠牲者が出れば、時の政権は、アッと言う間に崩壊する。

●共産党との共闘はどうする

民主党内の保守グループや新左翼グループは、小沢一郎代表の「容共路線」を「軒を貸して母屋を乗っ取られないか」と危惧している。沖縄県知事選挙（平成一八年一一月一九日）に続いて、参議院「沖縄選挙区」の補欠選挙（平成一九年四月二二日）でも共産党と手を組み、社民党、国民新党のほかに「共産党」を加え、さらに七月の参議院議員選挙につなげていこうとしているからだ。

小沢一郎は、「軍師」である平野貞夫元参議院議員の助言を受け入れて、共産党を仲間に入れた。平野氏は法政大学入学以前からの共産党シンパを自認してきた。だが、渡部恒三最高顧問ら保守グループや枝野幸男衆議院議員ら新左翼グループは、「共産党嫌いの国民からソッポを向けられたら、政権は取れない。共産党はアキレス腱だ」と警戒。早くも「ポスト小沢」を睨み「渡部恒三擁立」への動きなども見せている。次期総選挙で民主党が単独過半数を獲得できず、連立政権を組まざるを得なくなっても、共産党との連立は根本的に難しい。当面、仲良く共闘しているかに見えても、政権づくり最大のネックとなるのは確実で、前途に暗い影を落としている。

●渡部恒三が「総理大臣」への野望を抱き続けている

渡部恒三は、「総理大臣への夢」を諦めたわけではない。小沢一郎が失脚すれば、若手に担がれて代表となり、「総理大臣への道」を切り開こうと虎視眈々とチャンスを窺い続けてきた。

そうした渡部の野望を知ってか知らずか、前原・枝野派は、事実上、閑職である民主党最高顧問の渡部とのつながりを保ち続けていた。

前原・枝野派「凌雲会」は平成二〇（二〇〇八）年六月二六、二七両日、中央アルプスの木曽駒ケ岳の麓（ふもと）にある長野県木曽町のリゾートホテルで合宿・研修会を開き、前原誠司、仙谷由人、枝野幸男、玄葉光一郎、福山哲郎ら二三人が参加した。渡部は二七日に講師として招かれ、小沢一郎の任期満了に伴う同年九月の代表選を控えていることについて「選挙になるとしこりが残ると言うこと自体、民主主義政党の資格がない」と述べ、代表選挙の必要性を強調して、若手を煽り立てた。

小沢に距離を置いている前原・枝野派や野田派のほか、羽田派の岡田克也らが、小沢の「無投票三選」に反発していた。次期衆院選を前にして党内に亀裂が入るのを避けたいとの空気が強く、小沢の続投がほぼ確実ななかで対立候補擁立の動きは鈍かった。

こうした空気に対して、渡部は小沢一郎と菅直人が争った平成一八（二〇〇六）年四月の代表選挙を振り返り、「選挙前に私が二人に『さわやかに戦い、終わったら挙党態勢だ』と握手させた」と力説したという。その後、民主党は、七月一四日に代表選挙の日程について「九月八日告示、二一日投票」と決定した。

しかし、結局、岡田が七月末、「不出馬」の意向を示したことから、「小沢三選」への流れが加速した。八月六日になって、前原が「コーディネーターの一人に徹したい」と述べ、不出馬を表明、さらに渡部恒三最高顧問が「無投票三選」を容認するに及び、民主党内に「厭戦ムード」が急速に高まった。野田佳彦、枝野幸男の二人も出馬を断念した。

あとがき

日本の政局は、衆議院議員の任期が満了となる平成二一（二〇〇九）年九月一〇日に向けて、福田康夫首相が、「衆議院解散・総選挙」のタイミングを計るなかで、自民・公明連立与党と民主党など野党とが対決色を強めながら推移し、与野党の攻防戦が、ますます激化する。

臨時国会が召集され、政府は、平成二一（二〇〇九）年度予算概算要求を締め切り、税収減が予測されている状況下で、苦しい予算編成作業を迫られる。

評判の悪い後期高齢者医療制度の骨格を維持しつつ、低所得者層を対象に制度の修正を図り、国民の理解を得ようとする。原油値上がりに起因するガソリン代をはじめとする諸物価高騰の食い止めに躍起にならざるを得ず、難問は山積している。だが、平成二一（二〇〇九）年度与党税制改正大綱の決定の際、「消費税アップ」に踏み切ろうとすれば、国民からの猛反発を受け、総選挙で「大敗する危険が大」のため、それが恐ろしくて蛮勇は奮えない。

一方、民主党は、平成二〇（二〇〇八）年九月二一日の代表選挙に国民からの注目を浴びて、人気を高めようと目論む。小沢一郎がおそらく再選され、「政権交代を実現する最後の戦い」を国民に訴え、総選挙態勢をますます強化させる。臨時国会では、福田政権の「政策」と「実行力」、そして何よりも「リーダーシップ」などを厳しく追及し、福田首相に「解散・総選挙」を求める。

アメリカ大統領選挙の一般投票が一一月四日行われ、その結果によってイラク戦争の継続、あるいは米軍撤退が決まるので、日本の対米外交も影響を受け、福田首相は平成二一（二〇〇九）年一月一五日に期限切れとなるインド洋で補給支援特別措置法を延長するか、打ち切るかの決断を迫られる。

しかし、福田首相は、世論調査の結果を見ながら、連立与党が不利な状況下では、解散権という伝家の宝刀を簡単には抜こうとはしないだろう。このため、民主党など野党には、暖簾に腕押しの状態が続き、年末の予算編成が終わって、ズルズルと新年を迎え、平成二一（二〇〇九）年一月二〇日のアメリカ新大統領就任式を横目で見ながら、下旬には通常国会が召集され、予算審議が始まり、福田首相は、三月中の予算・予算関連法成立を目指す。

このころ、内閣支持率が低迷し続けていると、連立与党内から「福田首相では、総選挙は戦えない」という声が上がり、森喜朗元首相と同様、退陣を迫られ、自民党総裁選挙が行われ、政権が新首相にバトンタッチされる。

任期満了前の解散がなくとも、福田首相あるいは新首相は、七月三一日に期限切れとなるイラク特別措置法の継続、あるいは打ち切りの措置をし、六月半ばの通常国会会期末を迎え、その最終日に衆議院が解散され、総選挙に突入する。東京都議が七月二二日に任期満了となるので、総選挙は東京都議選挙と併せて、「ダブル選挙」になる可能性が大である。連立与党は、「任期満了選挙」となれば、「追い込まれ解散」となり、その不利を極力避けようとするだろう。

小沢一郎は平成二〇（二〇〇八）年七月一六日夜、菅直人夫妻と鳩山由紀夫夫妻を東京都内のイタリア料理店に招待して会食し、夫人たちを慰労した。このなかで、小沢は、

「若い連中は、『次の衆院選で勝てなくても、その次があるんじゃないか』くらい、簡単に思っている節があるが、今回政権を取れなければ、民主党が存在するどころかも含め、未来永劫取れない可能性がある」

と語ったという。平成一九（二〇〇七）年七月の参議院議員選挙で自民・公明連立与党を過半数割れに追い込み、民主党が大勝した直後、小沢は、檄を飛ばしていた。

「勝って冑の緒を締めよ」

だが、党内には、勝利に浮かれている気分が依然として漂っており、そのことを憂慮しているのである。

全国行脚中の小沢は、行く先々で、口をすっぱくして、同じことをしつこく繰り返し言って、懸命に陣営の引き締めを図り続けている。たとえば、七月一八日夜、埼玉県志木市民会館で行われた神風英男衆議院議員（比例・北関東ブロック）の後援会総会で「政権交代に賭ける」と題して講演した。このなかで、次のように力説した。

「昨年七月の参院選で民主党が勝利して与野党が逆転し、ねじれ国会になった。その結果、税金の無駄遣いや防衛省の汚職、年金の記録漏れなど長期にわたる自民党と官僚のなれ合い政治・行政による腐敗、モラルの低下、国民無視が暴かれた。次期総選挙では、民主党が勝って、

政権を取ることにより、国民の生活を守り、民主主義を発展させたい。しかし、政権交代は生易しいものではない。党の若い人たちが国民の気持ちをしっかり受け止めないと勝てない」

神風ら若手の奮起を促したのである。

まさに「油断大敵」である。福田政権が、一発逆転のどんな手を使ってくるかわからない。たとえば、北朝鮮による日本人拉致事件について、米国のブッシュ大統領が平成二一（二〇〇九）年一月一九日前に、ロシアのプーチン首相、中国の胡錦濤国家主席が共同して、北朝鮮問題の解決を図り、その一環として、拉致被害者全員を日本に帰国させるというようなウルトラCが打たれた場合、福田政権の支持率は一気に回復する。福田改造内閣において、拉致問題に熱心に取り組んできた中山恭子参議院議員が「拉致問題担当大臣」に任命されたのは、意味深い。

その勢いで、福田首相が伝家の宝刀を抜き、解散・総選挙を断行したとしたら、自民・公明連立与党が圧勝し、民主党は大敗してしまうかもしれない。

そのとき、民主党内から小沢執行部の責任を問う声が噴出して、小沢は、代表からの退陣を迫られ、民主党に止まることすらできなくなる。小沢が、

「政治生命を賭けた最後の勝負」

と言っている心の底には、そうした覚悟が秘められていると見なくてはならないのである。

平成二〇年八月　　　　　　　　板垣英憲

板垣英憲（いたがき・えいけん）

昭和21年8月7日、広島県呉市生まれ。中央大学法学部卒業、海上自衛隊幹部候補生学校を経て、毎日新聞東京本社入社。社会部、浦和支局、政治部（首相官邸、福田赳夫首相、大平正芳首相番記者、安倍晋太郎官房長官、田中六助官房長官番記者、文部・厚生・建設・自治・労働各省、参議院、自民党、社会党、公明党、共産党などを担当）、経済部（通産省、公正取引委員会、建設省、東京証券取引所担当）。昭和60年6月、政治評論家として独立。

主な著書に、『族の研究』（経済界）、『自民党選挙の秘密』（三一書房）『国際金融資本の罠に嵌った日本』（日本文芸社）『鳩山由紀夫で日本はどう変る』（経済界）『小泉純一郎 恐れずひるまずとらわれず』（KKベストセラーズ）『ブッシュの陰謀』（KKベストセラーズ）『権力闘争史 戦国自民党50年史』（花伝社）『政権交代―小沢一郎 最後の戦い』（共栄書房）『小沢一郎総理大臣』（サンガ）『ロックフェラーに翻弄される日本』（サンガ）など116冊。

現在、中央大学「学員会」「南甲倶楽部」「真法会」、財団法人「水交会」会員、さいたま商工会議所会員。

http://www.a-eiken.com

民主党派閥抗争史

2008年9月16日　　初版第1刷発行

著者 ―― 板垣英憲
発売 ―― 共栄書房
〒101-0065　東京都千代田区西神田2-7-6 川合ビル
電話　　03-3234-6948
FAX　　03-3239-8272
E-mail　　master@kyoeishobo.net
URL　　http://kyoeishobo.net
振替 ―― 00130-4-118277
装幀 ―― テラカワアキヒロ
印刷・製本 ― 中央精版印刷株式会社

ISBN978-4-7634-1035-1 C0031

共栄書房の本

政権交代——小沢一郎最後の戦い

板垣英憲　定価（本体 1500 ＋税）円

「目標、ただ一点、政権交代」
激烈な権力闘争を闘ってきた小沢一郎の奇跡と素顔
日本の政治はどうなるか？ 政権交代はなるか？